初任民警现场处置技能与战术

王鹏/著

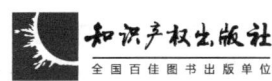

图书在版编目（CIP）数据

初任民警现场处置技能与战术/王鹏著. —北京：知识产权出版社，2019.7
（2024.9 重印）
ISBN 978-7-5130-6336-4

Ⅰ.①初… Ⅱ.①王… Ⅲ.①警察—工作—中国 Ⅳ.①D631

中国版本图书馆 CIP 数据核字（2019）第 122344 号

内容提要

随着法制建设和社会监督的不断发展，公安民警在日常执法行动中所展现出的现场处置技能和战术也在朝着程序化、规范化的方向发展，而初任民警这一群体正是各类执法行动现场处置的骨干力量。本书针对初任民警经验少、训练水平低的特点，围绕初任民警必训科目撰写，内容包括警务理念、徒手防卫与控制、单警装备使用、搜身带离技能、警用武器使用、盘查战术、群体性事件处置战术和抓捕战术等方面，希望对提高初任民警的现场处置能力有所帮助。

责任编辑：龚 卫　　　　　　**责任印制：刘译文**
封面设计：张 冀

初任民警现场处置技能与战术
Churen Minjing Xianchang Chuzhi Jineng Yu Zhanshu
王　鹏　著

出版发行：知识产权出版社有限责任公司		网　　址：http://www.ipph.cn	
电　　话：010-82004826		http://www.laichushu.com	
社　　址：北京市海淀区气象路 50 号院		邮　　编：100081	
责编电话：010-82000860 转 8539		责编邮箱：laichushu@cnipr.com	
发行电话：010-82000860 转 8101		发行传真：010-82000893	
印　　刷：北京建宏印刷有限公司		经　　销：各大网上书店、新华书店及相关专业书店	
开　　本：880mm×1230mm　1/32		印　　张：8	
版　　次：2019 年 7 月第 1 版		印　　次：2024 年 9 月第 6 次印刷	
字　　数：200 千字		定　　价：40.00 元	

ISBN 978-7-5130-6336-4

出版权专有　侵权必究
如有印装质量问题，本社负责调换。

前 言

警务实战技能与战术是公安机关人民警察依法必备并区别于其他国家公务员的独特能力和特殊技能，是公安民警职业能力的重要体现。警务实战技能与战术既是能力、技巧和策略，也是执法水平和人民警察的形象。随着法制建设和社会监督的不断发展，公安民警在现场处置中所展现出的警务实战技能和战术也在朝着程序化、规范化的方向发展，初任民警这一群体正是各类执法行动现场处置的骨干力量，他们干劲足、受教育程度高，但同时也存在经验少、训练水平不足的特点，而警务实战技能与战术又是他们中大多数人从警后才开始接触的新知识、新技能。如何提高初任民警的警务实战技能与战术，提高他们在现场处置中保障自身安全、顺利完成执法任务的能力，切实解决民警在执法中存在的"追不上、打不赢、说不过"的现象，就是我们迫切要解决的问题。

本书在撰写时，将初任民警在日常执法行动中进行现场处置的常用警务实战技能与战术分为徒手防卫与控制、单警装备使用、搜身带离、警用武器使用、盘查战术、群体性事件处置战术和抓捕战术等七个方面，根据初任民警的实际工作特点和常规任务分工在各方面的具体内容上有所侧重。语言通俗易懂但内容涉及面广，不求高精尖却力图解决初任民警在日常工作中的技战术需求。同时将执法理念与涉及强制手段和使用武力的法律法规进行整理，使初任民警在进行执法活动时，强化依法执行的观念、增强安全防范的意识、提高现场处置的能力。

  本书在撰写过程中，得到多位专家和同事的指导，并在图片拍摄过程中给予大量的协助，在此一并表示感谢。作者虽力图使内容更趋于实用、完整和规范，但由于受水平所限，如果书中有疏漏或不妥之处，敬请各位同行和读者批评指正。

目　录

前　言 ………………………………………………………… i

第一章　警务理念概述 ……………………………………… 001
  第一节　正确的执法观念与执法意识／001
  第二节　现场执法必备的法律知识／004
  第三节　执法活动中的法律责任／017

第二章　徒手防卫与控制技能训练 ………………………… 021
  第一节　徒手防卫技术／021
  第二节　解脱技术／029
  第三节　控制技术／037

第三章　单警装备使用技能 ………………………………… 046
  第一节　警　棍／046
  第二节　手　铐／054

第三节　警用催泪喷射器 / 059

第四节　警用强光手电 / 064

第四章　搜身带离技能 ………………………………… 069

第一节　搜身技术 / 069

第二节　带离技术 / 071

第五章　警用武器实战技能 …………………………… 074

第一节　警用武器介绍 / 074

第二节　枪支安全操控 / 114

第三节　简易射击学原理 / 119

第四节　手枪基础射击 / 123

第五节　手枪初级实用射击 / 131

第六章　盘查战术 ……………………………………… 139

第一节　盘查行动的原则 / 139

第二节　盘查行动的战术动作 / 140

第三节　车辆盘查 / 146

第四节　特殊情况的处置 / 149

第五节　设卡堵截 / 153

第七章　群体性事件处置战术 ………………………… 158

第一节　处置群体性事件的原则 / 158

第二节　处置群体性事件的战术行动 / 159

第八章 抓捕战术 …… 165

第一节 抓捕工作特点与分类 / 165

第二节 抓捕工作原则与程序 / 167

第三节 室外抓捕行动 / 184

第四节 室内抓捕行动 / 200

第五节 交通工具上抓捕行动 / 219

第六节 特殊场所及人员抓捕行动 / 233

参考文献 …… 244

第一章
警务理念概述

第一节 正确的执法观念与执法意识

一、严格、公正、文明执法是依法治国思想在公安执法领域的具体体现和根本要求

（1）严格执法，就是强调人民警察在行使职权时要切实做到有法必依、执法必严，在将法律适用于具体案件时，必须符合法律的原则和精神，符合法律规范的基本要求。严格执法是公安执法工作的灵魂和生命。公正执法，就是在严格执法的基础上，公平对待当事人，公正处理案件，做到实体公正，罚过相当，正确行使自由裁量权，不枉不纵；更要做到程序公正，尊重和保障当事人的各项合法权利。公正执法是在严格执法基础上的更高目标。文明执法，是对执法人员执法行为的社会属性方面的要求。执法是一种社会管理活动，应体现社会主义民主政治和精神文明的基本要求，同时必须符合现代社会文明的基本要求。

（2）要切实做到严格、公正、文明执法，必须端正执法思想，树立正确的执法观念。执法观念是指人民警察在依法行使法律所赋予的职权时应牢固树立的思想和具有的意识。执法观念直接反映执法者在组织、实施执法时的思想意识、思维方式、态度

立场，直接影响着执法者的工作思路、行为规范、执法活动的方式和执法目的的实现。人民警察在依照《人民警察法》的规定行使治安管理权以及在预防、制止和惩治违法犯罪活动时，应树立执法为民的观念、法治观念、人权保障观念。执法为民观念就是保证执法更好地体现人民的意志，把人民是否满意作为检验执法工作的最高标准，寓服务于执法之中，在执法中体现服务，真正做到情为民所系、权为民所用、利为民所谋；法治观念就是要坚持以事实为根据，以法律为准绳，严格依法办事，严格依法定程序执法，确保法律的严格实施，促进在全社会实现公平与正义；人权保障观念就是必须将尊重和保障人权放在公安执法工作的重要位置，在执法中强化权利保护意识，尊重人格尊严，做到规范执法、文明执法，克服粗暴、野蛮执法行为，既要保护守法公民的合法权益，也要保护违法犯罪嫌疑人的正当利益。

（3）提高执法水平，一方面要求执法者必须懂法、守法，领会法律的基本精神，熟练运用法律，提高自身的法律和文化修养；另一方面也要不断完善各项执法制度及执法监督机制。以提高执法质量为核心，改进工作机制和管理体制，强化人民警察的激励、奖惩、考核和淘汰机制。着力提高人民警察的政治素质、法律业务素质、科学文化素质和实战技能，以确保严格、公正、文明执法。

二、增强执法活动中安全和程序意识

（一）安全是警务活动的重要前提

（1）增强安全意识是警务活动的重要保障。所谓安全意识，是指人民警察在警务活动中，必须首先考虑自己的行为是否能有效地保护自身安全、群众安全和国家财产安全，同时也包括对犯罪嫌疑人合法权益的保护。

(2) 充分的心理准备和自我防护意识是有效进行自我保护和制服、捕获犯罪嫌疑人的重要前提。应做到,先期估计,制订预案。就是要求警察熟悉和掌握各类暴力性案件的特点,根据实际情况,制定几套具有针对性的技战术方案,以便实战时能以合理、有效的技战术手段来实施缉捕和应付事态可能发生的变化,做到既有对策,又有较强的应变能力,保持高度的警惕性。暴力犯罪嫌疑人大多是一些不法的亡命之徒,他们在实施第一步犯罪以后,往往会继续进行更加严重的暴力犯罪活动,具有极大的疯狂性和残忍性。因此,警察要充分认识到这类犯罪嫌疑人的潜在危险,切勿麻痹轻敌或盲目行动,特别是在追缉、堵截、盘查、搜索等警务活动中,由于敌暗我明,如果对危险认识不足,缺乏警惕,就极有可能遭受犯罪嫌疑人的侵害。

(二) 严格按照警务执法程序办事

(1) 警务执法程序是关于警务执法行为的方式、方法、步骤以及时间延续性的总和。人民警察在警务执法中要严格依法办事,特别是严格依照法定程序办事。警务程序意识具体包括警务公开意识、程序公正意识和效率意识等。增强警务执法程序意识具有十分重要的意义。其一,严格依照法定程序办事,有利于规范执法行为,切实做到合法行使职权,同时有利于接受监督;其二,严格依照程序办事,在法律允许的范围内使执法相对人参与执法程序,有利于保障执法相对人的合法权益;其三,严格依照法定程序办事,有利于提高执法效率。

(2) 警务活动是一项规范性、程序性很强的工作。规范和程序是事物运作内部规律的必然要求。在警务实战中,执行警务实战的规范程序尤为必要,因为这些都是在总结前人的经验和血的教训后得出来的,比如,执勤前是否带了武器、警械;是否二人以上共同执勤;发现可疑情况是否及时报告;出警前是否了解尽可能多的情况；在盘问检查嫌疑人前是否占据了便于控制对方的合适位置；控制后是否进行搜身；是否采取人、物分离措施进行物品及车辆检查等。从近年来发生的民警伤亡情况来看，相当数量的伤亡就是因为没有严格按照程序办事造成的，应当引起高度重视。

第二节 现场执法必备的法律知识

一、使用强制手段的法律依据

根据《人民警察使用警械和武器条例》（以下简称《条例》）第2条的规定，人民警察制止违法犯罪行为，可以采取强制手段；根据需要，可以依照本条例的规定使用警械；当使用警械不能制止，或者不使用武器制止，可能发生严重危害后果的，可以依照本条例的规定使用武器。根据《条例》第4条的规定，人民警察使用警械和武器，应当以制止违法犯罪行为，尽量减少人员伤亡、财产损失为原则。这里的强制手段，是指人民警察为制止违法犯罪行为而对违法犯罪行为人采取的各种制服措施。它包括：使用警械和武器；使用擒拿格斗技术或其他非警用器械。这里的非警用器械，是指除了人民警察依照规定装备的警械和武器以外的器械。

人民警察根据需要，可依照《条例》的规定使用警械；当使用警械不能制止或者不使用武器制止可能发生严重危害后果时，可以依照《条例》的规定使用武器。当人民警察未配备或已配备但未携带或根据现场情况无须使用警械和武器时，人民警察可采取使用警械和武器以外的强制手段制止违法犯罪行为。人民警察采取警械和武器以外的强制手段制止违法犯罪行为时，应参照《条例》规定的有关使用警械和武器的原则和精神，以尽量减少人员伤亡和财产损失为原则。警察在执行职务中使用强制手段必须达到以下三个基本要求。

第一，准确。人民警察在警务实战中，对犯罪嫌疑人所采取的强制手段，必须依照相关法律、法规的具体条款，准确运用，不得似是而非、错误理解或超越规定。人民警察必须依法使用强制手段，才能受到法律的保护，违法使用则应追究相应责任。人民警察在警务实战中使用各种强制性手段的最终目的有二：一是制止违法犯罪行为，控制、制服、擒获犯罪嫌疑人；二是强制性手段的实施，应当尽量避免或者减少对国家财产、公共财产和公民合法财产的损害，防止产生更加严重的危害后果。

第二，适情。人民警察在警务实战中，应当根据犯罪嫌疑人的对抗手段、暴力程度、危害后果、双方力量的对比、情形的紧急程度等因素，决定采取何种强制手段。这就要求人民警察既要遵循使用强制手段的一般程序，又要根据现场具体情况及时作出判断，并决定直接采取相应的强制手段。

第三，适度。人民警察在警务实战中，应当根据现场具体情况、犯罪嫌疑人的具体情况，适度运用强制手段。其具体要求包括：一是要力争制止违法犯罪行为，达到控制、制服、擒获的目的；二是要尽量使执法对象、无关人员以及周围环境的损害降低到最低程度，避免发生更加严重的危害后果；三是人民警察在警务实战中使用法律、法规的条款时，应当全面和系统，既要明确使用条款的具体规定与含义，还要熟记与之相关联的原则、规定和要求，防止断章取义，片面运用。

二、使用警械和武器的法律依据

警械和武器的使用是代表国家履行职责的警察职权行为，是国家赋予人民警察的一项特别权力。这种权力的设定，是与人民警察的职责相适应的。人民警察使用警械和武器，直接涉及公民的人身权利和生命安全，使用得当，可以有效地制止违法犯罪行为，保护公民的生命和财产安全；使用不当，就会直接侵犯公民的人身权利，以致剥夺其生命，给公民的人身安全和公私财产造成损害。因此，警察在警务实战中必须严格遵守《条例》的有关规定，依法使用警械和武器，保障警察依法履行职责，有效地制止违法犯罪行为，保护公民的合法权益。这里的警务实战，是指人民警察以强制手段与犯罪嫌疑人进行直接对抗或者准备进行有可能发生的对抗的一种执法活动。

三、实施盘查的法律依据

盘查是人民警察在执行职务过程中，依法对有违法犯罪嫌疑的人员进行的盘问和检查活动。盘查是国家根据人民警察的职责和任务，以法律、法规的形式，赋予人民警察行使的权力。它是人民警察履行职责，完成任务的前提和保证。

（一）《中华人民共和国人民警察法》（以下简称《人民警察法》）的规定

《人民警察法》第9条规定："为维护社会治安秩序，公安机关的人民警察对有违法犯罪嫌疑的人员，经出示相应证件，可以当场盘问、检查；经盘问、检查，有下列情形之一的，可以将其带至公安机关，经该公安机关批准，对其继续盘问：（一）被指控有犯罪行为的；（二）有现场作案嫌疑的；（三）有作案嫌疑身份不明的；（四）携带的物品有可能是赃物的。对被盘问人的留

第一章 警务理念概述

置时间自带至公安机关之时起不超过二十四小时,在特殊情况下,经县级以上公安机关批准,可以延长至四十八小时,并应当留有盘问记录。对于批准继续盘问的,应当立即通知其家属或者其所在单位。对于不批准继续盘问的,应当立即释放被盘问人。经继续盘问,公安机关认为被盘问人需要依法采取拘留或者其他强制措施的,应当在前款规定的期间作出决定;在前款规定的期间不能作出上述决定的,应当立即释放被盘问人。"本条规定了人民警察具有的盘问、检查权。由于盘查权涉及公民的人身权利和人身自由,因此,必须严格地遵守法律规定。

实行当场盘问、检查的对象,必须是有违法犯罪嫌疑的人员,对这些人员,公安机关的人民警察经出示相应的证件,就可以当场对其进行盘问、检查。这里所说的"出示相应的证件",是指对如何行使这一职权在程序上作的规定,其中,"相应证件"是指公安机关的人民警察根据其工作性质和行使的不同职权按照规定使用的有关证件,包括工作证等。考虑到公安机关的人民警察在行使性质、责任不同的职权时,所持证件也有所不同,因此,这里只规定出示相应证件。至于行使某一特定职权时,具体应使用哪一种证件,这里未作具体规定,可以由国家公安机关具体规定。但应强调的是,公安机关的人民警察在行使这一权力时,只有按照规定,出示了相应的证件,才能行使这一权力。如果进行盘问、检查的人民警察没有出示相应的证件,任何公民都有权拒绝盘问、检查。

这里所说的盘问,主要是指公安机关的人民警察对被盘问人的姓名、职业、身份、从哪里来、到哪里去,是否有违法犯罪行为,所携带物品的情况等各种可能与违法犯罪有关的情况进行询问。检查是对被盘问人所持证件、文件和随身携带的物品进行检查。公安机关的人民警察进行当场盘问、检查,必须符合上述规定。

(二)《中华人民共和国居民身份证法》(以下简称《居民身份证法》)的规定

《居民身份证法》第15条规定:"人民警察依法执行职务,遇有下列情形之一的,经出示执法证件,可以查验居民身份证:(一)对有违法犯罪嫌疑的人员,需要查明身份的;(二)依法实施现场管制时,需要查明有关人员身份的;(三)发生严重危害社会治安突发事件时,需要查明现场有关人员身份的;(四)在火车站、长途汽车站、港口、码头、机场或者在重大活动期间设区的市级人民政府规定的场所,需要查明有关人员身份的;(五)法律规定需要查明身份的其他情形。有前款所列情形之一,拒绝人民警察查验居民身份证的,依照有关法律规定,分别不同情形,采取措施予以处理。任何组织或者个人不得扣押居民身份证。但是,公安机关依照《中华人民共和国刑事诉讼法》执行监视居住强制措施的情形除外。"本条规定了人民警察在执行任务时,对公民的身份证件有查验权。公安机关对公民的身份证件进行查验,是保护公民合法权益,同违法犯罪人员作斗争的手段之一。查验身份证重点是检查、查验证件的真实性、时效性、持证人相片及其登记的内容。通过查验,及时发现、控制和惩办违法犯罪嫌疑人利用伪造、变造居民身份证进行违法犯罪活动,以保证国家和人民群众的安全。公民有义务接受公安机关查验居民身份证。执行任务的公安机关的人民警察查验公民居民身份证,必须严格依法进行,不得滥用此项权力,侵犯公民的合法权益。人民警察在要求公民出示居民身份证接受查验时,应首先出示自己的有效证件,同时要注意尊重和保护公民的合法权益。

(三)《城市人民警察巡逻规定》的规定

《城市人民警察巡逻规定》第5条规定:"人民警察在巡逻执

勤中依法行使以下权力：（一）盘查有违法犯罪嫌疑的人员，检查涉嫌车辆、物品；（二）查验居民身份证；（三）对现行犯罪人员、重大犯罪嫌疑人员或者在逃的案犯，可以依法先行拘留或者采取其他强制措施；（四）纠正违反道路交通管理的行为；（五）对违反治安管理的人，可以依照《中华人民共和国治安管理处罚条例》的规定，执行处罚；（六）在追捕、救护、抢险等紧急情况下，经出示证件，可以优先使用机关、团体和企业、事业单位以及公民个人的交通、通讯工具。用后应当及时归还，并支付适当费用，造成损坏的应当赔偿；（七）行使法律、法规规定的其他职权。"本条规定了人民警察在巡逻执勤完成各项职责任务中必要的权力保证。人民警察在巡逻执勤中，发现行踪可疑、有违法犯罪嫌疑的人，在出示表明人民警察身份的工作证件后，有权盘问其基本情况，查验其携带的行李物品，以及可能藏匿赃物、作案工具、凶器的人身和处所；有权查验居民身份证，以防止犯罪嫌疑人混迹于人群中，逃避公安机关的抓捕和审查；有权对现行犯罪人员、重大犯罪嫌疑人员或者在逃的案犯依法予以拘留、留置或者使用强制措施，以防止其逃跑、行凶、销毁罪证，等等。巡逻执勤的人民警察可以协助交通民警维护交通秩序，对违反治安管理的行为人予以治安管理处罚。执行巡逻勤务的人民警察在追捕罪犯、救护危难人员和抢险等紧急情况下，出示证件后，可以优先使用机关、团体和企事业单位以及公民个人的交通、通信工具，以保证及时完成各项紧急任务，减少损失，维护安全。使用完毕后要及时归还，并支付合理的费用，造成损坏的应及时赔偿，不得损害单位及公民的利益。

《城市人民警察巡逻规定》第9条规定："机关、团体和企业、事业单位以及公民应当支持巡逻警察的执勤，服从巡逻警察的管理，不得阻碍其依法执行职务。"本条规定了公民和组织必须支持、服从巡逻警察的管理，不得阻碍巡逻警察依法执行职务。人民警察执行巡逻勤务，其根本目的是预防、打击违法犯罪活动，维护社会治安秩序和保障公共安全。全体公民有义务协助人民警察执行公务，提供便利，服从管理，不允许阻碍人民警察执行公务，妨害治安管理的行为发生。

四、搜查的法律依据

搜查是一种强制性的侦查行为。搜查是指在刑事案件侦查中，侦查人员为了收集或发现犯罪证据、查获犯罪人，依法对犯罪嫌疑人以及可能隐藏罪犯或者犯罪证据的人身、物品、住处和其他有关的地方进行的强制性搜寻、检查和侦查活动。《中华人民共和国刑事诉讼法》（以下简称《刑事诉讼法》）第136条规定："为了收集犯罪证据、查获犯罪人，侦查人员可以对犯罪嫌疑人以及可能隐藏罪犯或者犯罪证据的人的身体、物品、住处和其他有关的地方进行搜查。"

根据《刑事诉讼法》和《公安机关办理刑事案件程序规定》的有关规定，公安机关在刑事侦查中进行搜查应当遵循以下法定程序和方法：为了收集犯罪证据、查获犯罪人，经县级以上公安机关负责人批准，侦查人员可以对犯罪嫌疑人以及隐藏罪犯或者犯罪证据的人的身体、物品、住处和其他有关的地方进行搜查。搜查只能由公安机关或人民检察院的侦查人员进行，其他任何人都无权进行搜查，否则构成非法搜查。进行搜查，必须向被搜查人出示搜查证。执行搜查的侦查人员不得少于两人。执行拘留、逮捕的时候，遇有下列紧急情况，不另用搜查证也可以进行搜查：可能随身携带凶器的；可能隐藏爆炸、剧毒等危险品的；可能隐匿、毁弃、转移犯罪证据的；可能隐匿其他犯罪嫌疑人的；其他突发的紧急情况。

进行搜查时,应当有被搜查人或者其家属、邻居,或者其他见证人在场。搜查妇女的身体,应当由女侦查人员进行。搜查的情况应当制作搜查笔录加以记录,并由侦查人员、被搜查人或者其家属、邻居或者其他见证人签名或盖章。如果被搜查人或者其家属不在现场或者拒绝签名、盖章,侦查人员应当在笔录上注明。

五、使用枪支的法律依据

《条例》规定的武器,是指人民警察按照规定装备的枪支、弹药等致命性警用武器,主要有手枪、步枪、冲锋枪、机枪及各类弹药。使用武器就是指开枪射击,这种射击是指人民警察依照法律规定,使用规定装备的枪支、弹药等致命性武器,以制止正在实施的暴力犯罪行为。

(一) 使用武器的条件

根据《条例》第9条的规定,人民警察判明有下列暴力犯罪行为的紧急情形之一,经警告无效,可以使用武器:

(1) 放火、决水、爆炸等严重危害公共安全的;

(2) 劫持航空器、船舰、火车、机动车或者驾驶车、船等机动交通工具,故意危害公共安全的;

(3) 抢夺、抢劫枪支弹药、爆炸、剧毒等危险物品,严重危害公共安全的;

(4) 使用枪支、爆炸、剧毒等危险物品实施犯罪或者以使用枪支、爆炸、剧毒等危险物品相威胁实施犯罪的;

(5) 破坏军事、通信、交通、能源、防险等重要设施,足以对公共安全造成严重、紧迫危险的;

(6) 实施凶杀、劫持人质等暴力行为,危及公民生命安全的;

(7) 国家规定的警卫、守卫、警戒的对象和目标受到暴力袭击、破坏或者有受到暴力袭击、破坏的紧迫危险的；

(8) 结伙抢劫或者持械抢劫公私财物的；

(9) 聚众械斗、暴乱等严重破坏社会治安秩序，用其他方法不能制止的；

(10) 以暴力方法抗拒或者阻碍人民警察依法履行职责或者暴力袭击人民警察，危及人民警察生命安全的；

(11) 在押人犯、罪犯聚众骚乱、暴乱、行凶或者脱逃的；

(12) 劫夺在押人犯、罪犯的；

(13) 实施放火、决水、爆炸、凶杀、抢劫或者其他严重暴力犯罪行为后拒捕、逃跑的；

(14) 犯罪分子携带枪支、爆炸、剧毒等危险物品拒捕、逃跑的；

(15) 法律、行政法规规定可以使用武器的其他情形。

根据《条例》第9条规定的15种情形，警察在使用武器前，必须同时具备以下4个要素。

(1) 判明。判明是指人民警察对现场发生的暴力犯罪行为和实施暴力犯罪行为人当场作出准确的判断和确认后，才能决定是否使用武器。如果客观上没有《条例》第9条规定的暴力犯罪行为的发生，或者人民警察在主观上没有对实施暴力犯罪行为的人有明确的认定，是不能使用武器的。

(2) 暴力犯罪行为。暴力犯罪行为是指犯罪行为人使用非法的暴力或者胁迫方法，对人的生命、健康或者公共安全造成严重的、直接的危害行为。《条例》第9条第1款第(1)~(14)项所列的各种行为，都是暴力犯罪行为。

(3) 紧急情形。所谓紧急情形：一是指犯罪行为人实施的暴力犯罪行为，正在造成危害后果，或者不加以制止必然会立即造成危害结果的情形;二是指人民警察现场若要采取其他手段,是无法或者来不及立即制止这类暴力犯罪行为,而只能使用武器予以制止的情形。使用武器是人民警察的最后选择。

(4)警告无效。警告无效是指人民警察在使用武器前,应当向犯罪行为人发出警告,令其停止犯罪行为,服从命令。其目的包括:一是通过警告,迫使其停止正在实施的犯罪行为,以避免因使用武器造成的伤亡;二是人民警察一旦警告无效而被迫使用武器前,履行规定的程序。警察使用的警告包括口头警告或鸣枪警告。犯罪行为人在经警告后停止实施犯罪,又没有抗拒逮捕或者逃跑的情形,警察则不应使用武器。只有来不及警告或警告后可能导致更为严重危害后果的,警察才可以直接使用武器。

(二)关于直接使用武器

根据《条例》第9条第2款的规定,来不及警告或者警告后可能导致更为严重危害后果的,可以直接使用武器。这里的"来不及警告",是指犯罪行为已经或者即将造成严重的危害后果。而"警告后可能导致更为严重危害后果的"是指犯罪行为人实施某种暴力犯罪行为过程中,与人民警察处于严重的对峙状态,准备铤而走险、负隅顽抗或者使用爆炸物品相威胁、劫持人质等情形时,如果发出警告,极有可能导致犯罪行为人抢先行动,从而造成严重危害后果的发生。

(三)禁止使用武器的规定

根据《条例》第10条的规定,人民警察遇有下列情形之一的,不得使用武器:

(1)发现实施犯罪的人为怀孕妇女、儿童的,但是使用枪支、爆炸、剧毒等危险物品实施暴力犯罪的除外;

(2)犯罪分子处于群众聚集的场所或者存放大量易燃、易爆、剧毒、放射性等危险性物品的场所的，但是不使用武器予以制止，将发生更为严重危害后果的除外。

《条例》第10条规定的两项不得使用武器的情形，是指如果在上述特殊条件下使用武器，将可能由于人民警察的自身原因，造成不应有的损害后果，因此规定不得使用武器。上述两项不得使用武器中的两个"例外"，是指在特定的情形下，在没有其他方法可以制止犯罪行为人的犯罪行为时，在力保不造成更大损害后果的前提下，仍然可以使用武器予以制止的特殊规定。

（四）停止使用武器的规定

根据《条例》第11条的规定，人民警察遇有下列情形之一的，应当立即停止使用武器：

（1）犯罪分子停止实施犯罪，服从人民警察命令的；

（2）犯罪分子失去继续犯罪能力的。

《条例》第11条规定了应当立即停止使用武器的两种情形。犯罪行为人"停止实施犯罪行为"，包括犯罪行为人主动停止，由于其意志以外的原因，或者由于人民警察使用武器迫使其停止实施犯罪的行为；犯罪行为人"失去继续实施犯罪能力"，包括犯罪行为人由于意志以外的原因而丧失继续实施犯罪、拒捕、逃跑的能力。出现以上情况时，人民警察应当立即停止使用武器。但是，当犯罪行为人虽然受伤，却并未完全丧失继续犯罪的能力，如果其仍然继续实施犯罪、反抗或者逃跑，用其他方法不能制止时，人民警察仍可使用武器予以制止。

（五）使用武器的程序

《公安机关人民警察现场制止违法犯罪行为操作规程》规定了人民警察使用武器的程序。该规程第31条中规定公安民警应当按照下列程序使用武器：

(1) 判明现场情况；

(2) 表明警察身份，出枪示警；情况紧急时，可以在出枪的同时表明身份；

(3) 命令在场无关人员躲避；

(4) 命令犯罪行为人停止实施暴力犯罪行为，或者鸣枪警告；

(5) 犯罪行为人在公安民警口头警告或者鸣枪警告后继续实施暴力行为的，可以对其使用武器；来不及警告或者警告后可能导致更为严重危害后果的，可以直接使用武器；

(6) 犯罪行为人停止实施犯罪，服从公安民警命令，或者失去继续实施犯罪能力的，应当立即停止射击，并持枪戒备；

(7) 在未确定危险消除前，应当继续保持持枪戒备；

(8) 确认危险消除后，应当关闭枪支保险，收回枪支。

该规程又针对警告方式进行了说明，第32条中规定公安民警在使用武器时，遇有下列情形之一的，不得鸣枪警告：处于繁华地段、群众聚集的场所或者其他容易误伤他人的场所；明知或者应当明知存放有大量易燃、易爆、剧毒、放射性等危险物品的场所；鸣枪警告后可能导致危及公民或者公安民警人身安全等更为严重危害后果的。

(六) 使用武器后的处置

根据《条例》第12条的规定，人民警察使用武器造成犯罪分子或者无辜人员伤亡的，应当及时抢救受伤人员，保护现场，并立即向当地公安机关或者该人民警察所属机关报告。当地公安机关或者该人民警察所属机关接到报告后，应当及时进行勘验、调查，并及时通知当地人民检察院。当地公安机关或者该人民警察所属机关应当将犯罪嫌疑人或者无辜人员的伤亡情况，及时通知其家属或其所在单位。

根据《条例》第 12 条的规定，人民警察使用武器后必须要做的善后处置工作，包括以下内容：第一，人民警察使用武器造成人员伤亡的，人民警察有义务抢救伤员、保护现场并立即向有关部门报告。这里所讲的伤员包括受伤的人民警察、无辜人员，也包括犯罪嫌疑人。向有关部门报告是指向该人民警察所属或者执法对抗发生所在地县级以上公安机关报告。第二，上级有关部门在接到报告后，应当立即对现场的情况、有关警察、枪弹等进行勘验、调查，并应尽快通知当地人民检察院，以便依法接受检察机关的监督。第三，进行勘验、调查的公安机关，在查明伤亡者的基本情况后，应当尽快将其情况通知其家属。如果直接通知其家属有困难，则应该通知其所在单位予以转告。第四，人民警察使用武器后，必须如实、详细地将使用武器的情况向所属县级以上公安机关写出书面报告。书面报告大致包括以下几个方面的内容：一是使用武器者的个人情况。包括武器使用者的个人基本情况和依法携带武器的情况等。二是犯罪行为人的情况。包括犯罪嫌疑人的基本情况、当时是否携带凶器或武器的情况、现场的违法犯罪行为的表现情况等。三是使用武器的事实过程。包括使用武器前对现场情况的判断、犯罪嫌疑人的暴力犯罪程度、是否采取了其他强制手段、效果如何、是否遵循了规定的四个要素、是否采取了疏散无关人员的措施，使用武器时的具体情况、发射的弹数、射击后的结果、控制或制服犯罪嫌疑人的情况等。四是武器使用后的工作。包括是否立即采取了抢救伤员的措施、是否保护了现场、是否立即向上级有关部门报告（如何报告的、接受报告人的基本情况、如何答复的）以及其他相关情况等。

第三节 执法活动中的法律责任

一、执法行为与程序的法律责任

对公安机关及其人民警察违法行使职权或者不依法履行职责,致使办理的案件或者执法行为不合法、不适当的,必须依照有关法律、法规和规定予以纠正和处理。其中包括对错误的处理或者决定予以撤销或者变更;对拒不履行法定职责的,责令其在规定的时限内履行法定职责;对拒不执行上级公安机关决定和命令的有关人员,可以停止其执行职务;公安机关及其人民警察违法行使职权已经给公民、法人和其他组织造成损害的,予以赔偿;公安机关人民警察在执法活动中因故意或者过失造成执法过错的,追究执法过错责任。

对上级公安机关及其主管部门的执法决定、命令,有关公安机关及其职能部门必须执行,并报告执行结果。对执法监督有异议的,应当先予执行,然后按照规定提出意见,执行结果由作出决定的公安机关负责。对本级和上级公安机关作出的执法监督决定不服的,可以向本级或者上级公安机关提出申诉,有关部门应当认真受理并作出答复。

拒绝、阻碍上级机关或者本级公安机关及执法监督主管部门的执法监督检查,拒不执行公安机关内部执法监督的有关决定、命令,或者无故拖延执行的,给予纪律处分。

公安机关人民警察在执行职务中,有下列情况之一的,将被依法追究执法过错责任:违反法律规定,对应当立案或者撤销的刑事、行政案件不予立案或者撤销,对不应当立案或者撤销的案件予以立案或者撤销的；在办案中弄虚作假、逼供、骗供、诱供、逼取证人证言的，或者因为在勘验、检查、鉴定中出现重大失误、疏漏而造成案件处理错误的；因办案人员的主观过错导致案件主要犯罪事实错误，检察院不予批捕、不予起诉或者人民法院判决无罪的；应当报捕而未报捕导致检察院在审查批捕时，增补重大犯罪嫌疑人的；呈报劳动教养、少年收容教养和收容教育时，因办案人员的主观过错导致案件主要事实错误、审批机关或者有关部门不予批准的；因办案人员的主观过错导致案件主要事实错误或者严重违反法定程序，被人民法院、复议机关撤销具体行政行为的；对没有犯罪事实或者没有证据证明有犯罪重大嫌疑的人，错误采取刑事拘留、取保候审、监视居住等刑事强制措施，或者超过法定时限情节严重的；违反法律规定，作出拘留、罚款、吊销许可证和执照、没收财物等行政处罚，或者采取劳动教养、少年收容教养、收容教育等限制人身自由措施的；违反法律规定，办理保外就医、监外执行的；违反法律规定，对财产采取查封、扣押、冻结等强制措施，或者违反国家规定征收财物、收取费用的；违反法律规定，使用警械、武器，情节恶劣或造成严重后果的；违反法律规定，阻碍当事人行使申诉、控告、听证、复议、诉讼和其他合法权利，情节恶劣或者造成严重后果的；不履行办案协作职责，或者阻碍异地公安机关依法办案，情节恶劣或者造成严重后果的；错误执行或者拒不执行发生法律效力的刑事、行政裁判、复议决定和其他纠正违法的决定、命令，造成严重后果的；拒绝或者拖延履行法定职责造成严重后果的；其他故意或者过失违反法律、法规、规章的规定，应当予以追究的执法过错。

其中，因贪赃枉法、徇私舞弊、刑讯逼供、蓄意报复、陷害等故意造成执法过错的；妨碍对执法过错责任进行追究的；对检举、控告、申诉人打击报复的；连续多次发生执法过错的；情节恶劣，后果比较严重的等情况，应从重追究执法过错责任。对由于轻微过失造成执法过错的；主动承认错误，并及时纠正的；执法过错发生后，能够配合有关部门工作，减少损失，挽回影响的；情节轻微，尚未造成严重后果的等情况，应从轻或者免予追究执法过错责任。

有下列情形之一的，不应当追究人民警察的责任：因法律规定不明确或者有关司法解释不一致，改变案件定性、处理的；因不能预见或者无法抗拒的原因致使错误发生的；执行上级命令的；按照办案协作规定办案的。

被追究执法过错责任的人民警察，不服追究决定的，应当允许其申诉。可以向本级或者上级公安机关进行申诉，接受申诉的公安机关应当在30日内作出答复。法律、法规另有规定的，按照有关规定办理。

二、使用武器的法律责任

根据《条例》第14条的规定，人民警察违法使用警械、武器，造成不应有的人员伤亡、财产损失，构成犯罪的，依法追究刑事责任。尚不构成犯罪的，依法给予行政处罚。对受到伤亡或者财产损失的人员，由该人民警察所属机关依照《国家赔偿法》的有关规定给予赔偿。根据《条例》第15条的规定，人民警察依法使用警械、武器造成无辜人员伤亡或者财产损失的，由人民警察所属机关参照《国家赔偿法》的有关规定给予补偿。

《条例》第14条和第15条规定了人民警察使用警械和武器所应当承担的法律责任。它既突出了对人民警察依法使用警械和武器受法律保护的原则，同时也体现了对公民合法权益的保护。警察在依法使用警械和武器时，造成无辜人员伤亡、财产损失的，人民警察个人不应当承担任何法律责任，包括刑事责任、民事责任和行政责任。但是，人民警察在执行职务中违法使用警械和武器，造成无辜人员伤亡或者财产损失的，应当承担相应的刑事责任、行政责任及民事责任。人民警察违法使用警械、武器的法律责任主要有刑事责任、行政责任和赔偿责任。

（1）刑事责任。人民警察违法使用警械、武器造成不应有的人员伤亡、财产损失，构成犯罪的，应当依法追究刑事责任。

（2）行政责任。人民警察违法使用警械、武器造成不应有的人员伤亡、财产损失，尚不构成犯罪的，依法给予行政处分。

（3）赔偿责任。对受到伤亡或者财产损失的人员，由该人民警察所属机关依照《国家赔偿法》的有关规定给予赔偿。

第二章
徒手防卫与控制技能训练

第一节　徒手防卫技术

徒手防卫是警察必备的自我保护技能，是防止遭受突然侵害的专门技术。在徒手防卫训练时，要求学员发起进攻的速度越快越好，同时，要始终保持良好的精神状态，时刻提高警惕性，防患于未然，从容应对各种各样的突发事件。

一、防卫姿势

一旦遇到危险情况，警察首先要保持身体平衡，随时准备向各个方向出击。此时应保持站立姿势，即两脚分开，与肩同宽，与潜在的进攻者保持大约1.5~2米距离，双膝微弯曲，收下颚，双手举起，张开手掌，双肘紧靠身体两侧（图2-1-1、图2-1-2为警卫姿势，图2-1-3、图2-1-4为防卫姿势）。

图 2-1-1　　　　图 2-1-2　　　　图 2-1-3　　　　图 2-1-4

二、防卫技术

(一) 掌根击打

张开手掌，用掌根打击对方的下颚、口鼻三角区（图2-1-5、图2-1-6）。

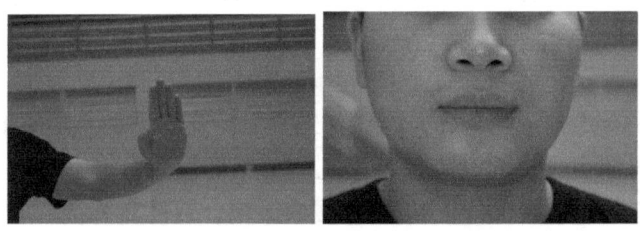

图 2-1-5　　　　　　　　图 2-1-6

(二) 掌侧击打

用掌侧直接砍击对方的颈部（正手、反手）（图2-1-7、图2-1-8）。

第二章　徒手防卫与控制技能训练

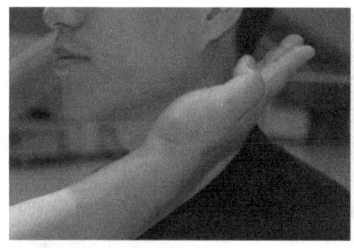　　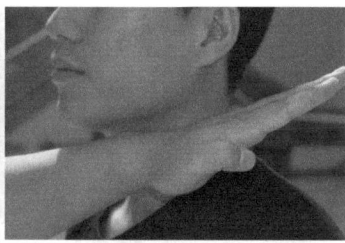

图 2-1-7　　　　　　　　图 2-1-8

（三）手背击打

以肩关节作为发力点向前或侧方挥出，手心向内或向上，依次带动大臂、小臂、腕、手背、手指做鞭打动作，最后力达手背及手指，击打对方的颈、口鼻三角区、眼部（图 2-1-9）。

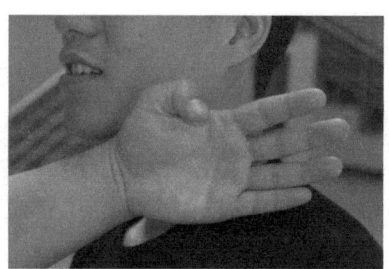

图 2-1-9

（四）肘部击打

近距离时，使用肘横向猛烈击打对方的头部和颈部（图 2-1-10、图 2-1-11）。

图 2-1-10　　　　　　　图 2-1-11

（五）膝部击打

近距离时，可用双手抱住对方头部，用膝猛力撞击对方腹部或大腿肌肉（图 2-1-12、图 2-1-13）。

 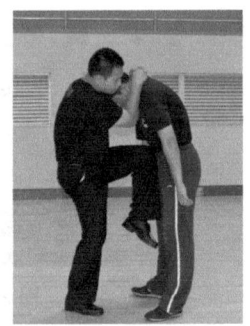

图 2-1-12　　　　　　　图 2-1-13

（六）前踢

当对方逼近时，可以迅速踢击对方膝盖、胫骨、踝关节（图 2-1-14、图 2-1-15）。

第二章　徒手防卫与控制技能训练

图 2-1-14　　　　　　图 2-1-15

（七）侧踢

侧提膝，大腿带动小腿，由屈到伸向前方或侧方展髋踢出，力达脚面，击打对方膝盖侧面和大腿外侧（图 2-1-16、图 2-1-17）。

 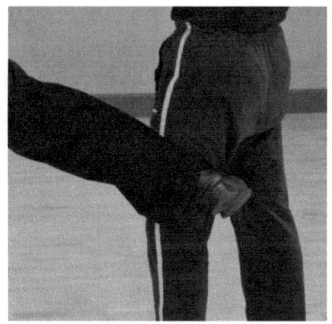

图 2-1-16　　　　　　图 2-1-17

（八）头部防卫

近距离受到攻击时，要保持防卫姿势，举起双手保护头部免遭重创，特别是眼睛和后脑（图 2-1-18）。

图 2-1-18

(九) 倒地防卫

当袭击者突然采取攻击动作使警察失去重心时,警察即可用顺势前滚、后滚或倒地防护等方法以减小伤害程度,使自己能迅速从被动状态中解脱出来,并注意观察袭击者的下一步进攻意图。

(1) 向前滚翻。

如攻击从后方来时,警察可借上体重心前移的同时迅速向前屈体,两手撑地,下颚收起主动低头,腿后蹬以肩背部着地向前做滚翻的动作,凭借惯性使身体迅速起立,面对袭击者(图 2-1-19)。

A

B

图 2-1-19

图 2-1-19（续）

（2）向后滚翻。

如攻击从前方来时，警察可借上体重心后移的同时迅速屈膝团身降低重心，两手向后下方撑地做缓冲，下颚收起主动低头，腿后蹬以臀、背部依次着地的方法向后做滚翻的动作，凭借动作惯性使身体迅速起立，面对袭击者（图 2-1-20）。

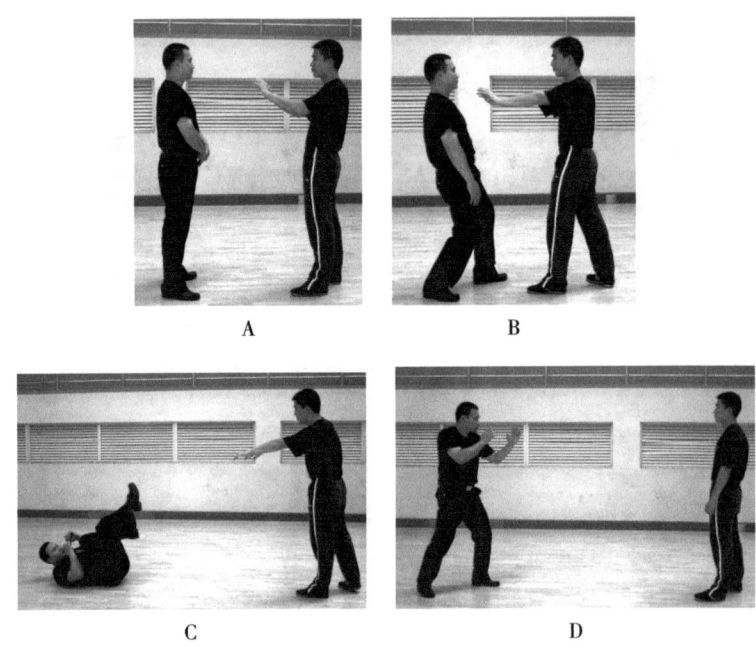

A　　　　　　　　　B

C　　　　　　　　　D

图 2-1-20

（3）倒地扫腿防卫。

当被迫倒地无法起身时，为防止被再次进攻，身体应迅速侧卧于地上，以同侧小臂撑地、手掌朝下，另一手体前扶地，两腿来回做剪腿、扫腿的方法猛烈踢击对方膝关节和踝关节。在必要时也可利用髋关节作为轴心进行转动来调整方向，不让对方接近。一旦有机会，便要迅速站起，保持防卫姿势（图2-1-21）。

第二章　徒手防卫与控制技能训练

图 2-1-21

（4）倒地踹击防卫。

当倒地无法起身，对方又逼近时，身体应迅速侧卧于地上，屈腿，以同侧小臂撑地、手掌朝下，另一手体前扶地，迅速用下方脚勾住对方的脚踝，上方脚猛烈踹击其膝盖（图 2-1-22）。

图 2-1-22

第二节　解脱技术

解脱技术，是警察在被动情况下，快速解脱对方对自己肢体的控制，摆脱被动的技术。在实战中警察身体一旦被对方控制，后果不堪设想，因此，在被动情况下，快速解脱对方的控制，是警察有效保护自己生命安全和顺利完成执法任务的重要前提。

一、手腕被抓解脱

（一）挑腕撤步解脱

（1）当对方单手抓握警察一只手臂时，要从对方手掌虎口处解脱（图2-2-1、图2-2-2）。

图2-2-1

图2-2-2

（2）当对方双手抓握警察一只手时的解脱方法参见图2-2-3、图2-2-4。

图2-2-3

图2-2-4

注意：在实战中，很多情况是在使用身体其他部分，对对方实施有效打击，转移对方注意力后，再进行解脱才能够比较顺利。

（二）缠腕压肘解脱控制

（1）对方右手正抓我右手腕，我迅速以左手扣压对方手背

（图 2-2-5）。

（2）上左步的同时右手缠腕（图 2-2-6）。

图 2-2-5

图 2-2-6

（3）同时用左小臂下压对方的肘关节，撤右步向右转体，迫使对方俯卧倒地（图 2-2-7）。

（4）右膝跪压对方肩颈部，左膝跪压对方腰部，同时卷腕压肘，使其右手手指指向其头部（图 2-2-8）。

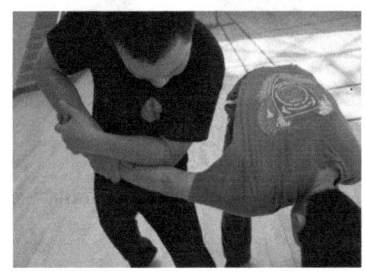
图 2-2-7

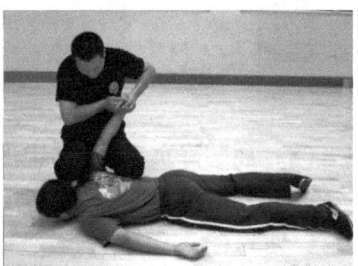
图 2-2-8

（三）折腕托肘解脱控制

（1）对方用右手抓握我右手腕，应迅速屈臂抬手，并抓扣对方手掌，折腕。

（2）左手同时从下向上托其右肘部。

（3）折腕控肘向下直臂压倒对方，使其俯卧倒地。

(4）左膝跪压住其右肩部，左手抓起右手背向里旋拧成卷腕，右膝跪压住对方右肩颈部，将其控制。

二、胸部被抓解脱

（一）直臂抓胸解脱控制

（1）对方用右手抓住我胸口的衣服，应迅速用右手从其手背处扣住其右手腕（图2-2-9）。

（2）向后撤右脚，向右转体，拉直其手臂，同时用左手臂撞压对方肘关节（图2-2-10）。

图2-2-9

图2-2-10

（3）屈膝降重心，卷腕压肘，使其俯卧倒地（图2-2-11）。

（4）用右膝跪压对方右肩部，左膝跪压在其腰部，同时卷腕压肘，使其右手手指指向其头部（图2-2-12）。

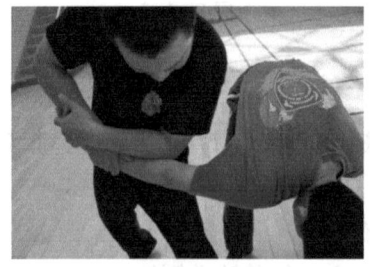

图2-2-11

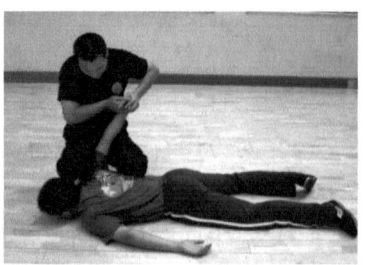

图2-2-12

（二）曲臂抓胸解脱控制

（1）对方用右手抓住我胸部后，曲臂预拉近我身体，应迅速用左手抓住对方右手腕，右手抓住肘关节（图2-2-13）。

（2）右手由下向上掀托对方肘关节，同时，身体向下压其右手，降低重心，使其后仰倒地（图2-2-14）。

图2-2-13　　　　图2-2-14

（3）推动其肘部使其向左侧转体，成俯卧（图2-2-15）。

（4）用左膝跪压对方腰部，右膝跪压住其左肩颈部（图2-2-16）。

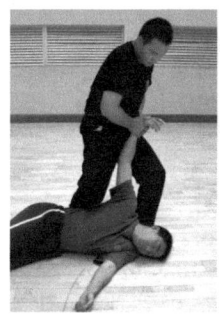
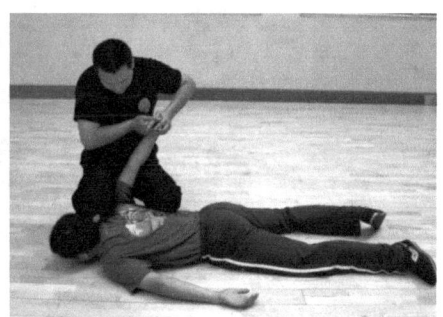

图2-2-15　　　　图2-2-16

三、腰部被抱解脱

（一）腰被抱解脱控制

（1）当被对方由后方抱住腰，应迅速身体下沉屈膝降低重心，防止被对方抱起摔倒。

（2）左手抓握对方左手腕，右手扣抓对方右手任一手指。

（3）向外掰其手指，解脱其抱腰之势。

（4）继续掰其手指，向前下拉，使其跪地。

（5）向右前方沿着地面拉其俯卧倒地，直至制服。

（6）右手向内侧转动，使其右手肘部向上，用左手扣压其肘部，拉起手臂，用右膝跪压其右肩部，左膝跪压在其腰部。

（二）腰臂被抱解脱控制

（1）当被对方从后方抱住腰及两手臂时，应迅速屈膝下蹲，上身前俯（图 2-2-17）。

（2）用脚跟踩击对方脚面或向后撩击其裆部，使其因剧烈疼痛，转移注意力，双手松动，力求解脱（图 2-2-18）。

图 2-2-17　　　　图 2-2-18

（3）双手分别扣住对方双手手背，迅速上左脚向右转体，解脱对方的合抱（图 2-2-19）。

（4）左（右）手向外旋拧对方左（右）手，成卷腕，右（左）手扣压对方左（右）肩部或肘部，采用直臂压倒使其倒地（图2-2-20）。

图2-2-19

图2-2-20

（5）用左（右）膝跪压其肩部，右（左）膝跪压其腰部（图2-2-21）。

注意：当被对方抱起，双脚离地时，要迅速用一条腿从内侧缠住对方一条腿，另一条腿向外伸直，同时，双手抓住对方裤子两侧，身体重心下沉，防止被对方摔倒。等对方疲劳松懈时，再寻找机会将其制服。

图2-2-21

四、颈部被锁解脱

(一) 夹颈解脱

(1) 对方由侧面用右手臂夹住我颈部后,应快速降低重心,左腿后撤至对方腿后。

(2) 用左手从对方身后托住对方的下颌,向后推压;右手从后侧抱起对方的右脚,将其向后摔倒。

(二) 背后锁喉解脱

(1) 当被对方用右手臂从背后锁住喉部,并向后拉时,双手应迅速拉住对方的手腕和肘部向下,同时,向右转头,保持呼吸通畅(图2-2-22)。

(2) 迅速向后撤右脚,降重心,保持身体平衡(图2-2-23)。

图2-2-22

图2-2-23

(3) 快速转体向右,用身体压住对方的右手小臂,快速降重心,使其向后倒地(图2-2-24)。

(4) 推其肘部,使其俯卧(图2-2-25)。

第二章　徒手防卫与控制技能训练

图 2-2-24　　　　　图 2-2-25

（5）用右膝跪压其左肩部，左膝跪压其腰部，或坐压其腰部（图2-2-26）。

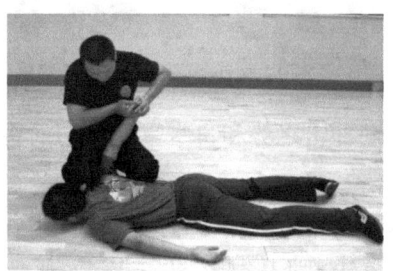

图 2-2-26

第三节　控制技术

控制技术，是警察在对目标实施控制时，所使用的动作技术，力求在最短的时间内，制服目标。

一、控臂压肩（肘）

(1) 由后接近对方，用左手抓住对方左手腕侧拉至 45 度内旋，使其直臂，肘关节向上，将对方小臂锁在腰部（图 2-3-1）。

(2) 使用右臂由上向下扣压住对方肩（肘）部（图 2-3-2）。

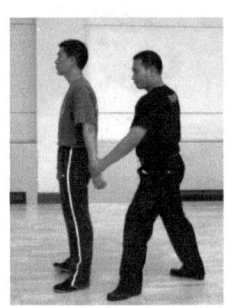 

图 2-3-1　　　　　图 2-3-2

(3) 利用向前冲击之势和自身重量，向前将其压倒，使其俯卧摔倒（图 2-3-3）。

(4) 第二人可将对方另一手臂旋拧拉至背后折腕，左膝跪压其肩颈部，右膝跪其腰部控制（图 2-3-4）。

图 2-3-3　　　　　图 2-3-4

(5) 第三人可将其两腿交叉折叠，压住其外侧脚脚尖加以控制（图 2-3-5）。

图 2-3-5

二、圈臂压倒

（1）由前接近对方右侧前方，左脚在前，左臂迅速插向对方右臂内侧，同时圈臂控制对方肩部（图 2-3-6）。

（2）右手迅速配合左手加固对肩的控制下压，迫使对方身体前俯（图 2-3-7）。

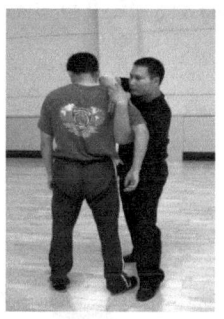 

图 2-3-6　　　图 2-3-7

（3）右脚向右侧方撤步，向右转体，降重心将对方压倒（图 2-3-8）。

（4）右膝跪压其肩颈部，左膝跪其腰部控制（图 2-3-9）。

 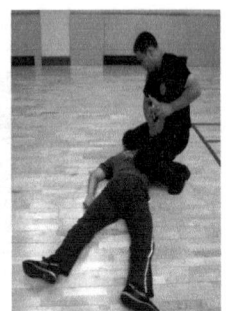

图 2-3-8　　　图 2-3-9

三、切颈别摔

（1）由前接近对方，左脚落在对方右脚外侧，同时，左手由上至下捋抓对方的右手腕，向斜后方下拉，使对方失去重心（图 2-3-10）。

（2）右小臂切对方颈部，同时右肩猛撞对方右肩，迅速上右腿别住对方的右腿（图 2-3-11）。

图 2-3-10　　　图 2-3-11

（3）全身协调用力将对方摔倒（图 2-3-12）。

（4）推其肘部，使其俯卧（图 2-3-13）。

图 2-3-12　　　　图 2-3-13

（5）用右膝跪压其左肩部，左膝跪压其腰部；或坐压其腰部（图 2-3-14）。第二人和第三人协助控制。

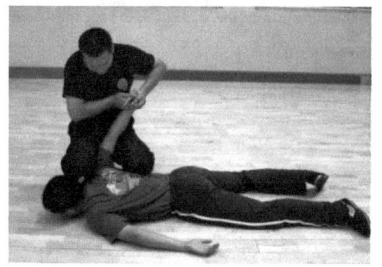

图 2-3-14

四、控腕别摔

（1）由前接近对方，当对方右手持器具向我头部砸来时，用左手迅速抓或搂抓控制住对方手腕抬致肩平（对方肘关节夹角 90 度），同时向后侧方拧腕控制（图 2-3-15）。

（2）右手迅速配合左手控制对方手腕，同时右脚上前别住对方右腿后形成别摔，将其摔倒（图 2-3-16）。

图 2-3-15　　　　图 2-3-16

（3）双手将对方右臂上提拉直，形成肘关节鹰嘴向外，用左膝顶住别臂，右膝跪压对方肩胛骨外侧控制（图 2-3-17）。

图 2-3-17

五、过腰摔

（1）当对方由前攻击时，迅速搂抓住其手臂，上步转体，另一手从其腋下插入，抱住其腰部，用臀顶住其大腿根部（图 2-3-18）。

（2）拉臂，屈膝，使其上体前俯。

（3）两腿蹬直提臀发力，将其身体腾空，顺势摔倒（图2-3-19）。

图2-3-18　　　　图2-3-19

（4）拉其手臂外旋，用膝顶压其肩腋处，使其翻转成俯卧（图2-3-20）（图2-3-21）。

图2-3-20　　　　图2-3-21

（5）用左膝跪压其左肩部，右膝跪压其腰部，折腕压肘控制。

（6）第二人和第三人及时协助控制。

六、锁喉摔

（1）由后接近对方，右脚在前，身体侧面站立。

（2）迅速用右手臂锁住其喉部猛力向后拉，同时左手抓住对方左手腕用力向后拉，用身体别住肘关节（图2-3-22）。

（3）用髋部前顶对方臀部，屈膝下降重心，迫使对方失去重心（图2-3-23）。

图 2-3-22

图 2-3-23

（4）腰部发力，身体迅速左转将其摔倒成俯卧（图2-3-24）。

（5）将对方左手向后拉直，右手锁喉，向其头部移动，对其喉部加压，进行控制（图2-3-25）。

图 2-3-24

图 2-3-25

七、抱膝顶摔

（1）由后接近对方，左脚在前成半弓步（图2-3-26）。

图 2-3-26

（2）迅速用双手抱住对方膝关节以下部位用力后拉并上提，同时以肩部用力前顶对方臀部，将其摔倒（图2-3-27）。

（3）第二人和第三人迅速上前分别控制其左右手，成跪压控制（图2-3-28）。

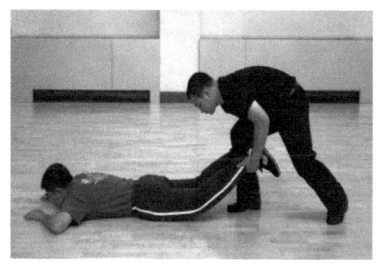

图 2-3-27

图 2-3-28

（4）将其两腿叠加控制。

第三章
单警装备使用技能

第一节 警 棍

警棍作为一种驱逐性、制服性警械，可用于人民警察处置暴力犯罪及骚乱情况，当现场情势不适合使用武器时，人民警察可以选择使用警棍以达到执法目的（图3-1-1）。

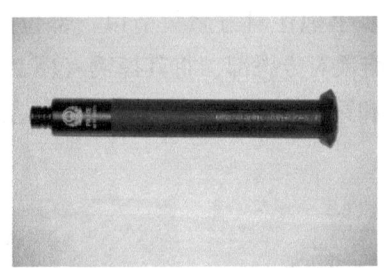

图 3-1-1

一、基础知识

（一）规格

便携型：质量≤290克，收回长度192毫米，伸展长度412毫米，握把外径26.5毫米，中管外径20.5毫米，前管外径16.0毫米。

基础型：质量≤340克，收回长度224毫米，伸展长度508毫米，握把外径26.5毫米，中管外径20.5毫米，前管外径16.0毫米。

加强型：质量≤560克，收回长度224毫米，伸展长度508毫米，握把外径26.5毫米，中管外径20.5毫米，前管外径16.0毫米。

（二）构造

伸缩警棍由手柄、棍体金属管、锁止限位机构、棍头和尾盖等部分组成。

（三）保养

（1）确保伸缩管不被杂物干扰或铁锈腐蚀影响。

（2）使用后，只需擦拭各伸缩管便可，不可尝试分解各伸缩管，尤其是棍尾圆盖。每个月须检查及调校保险弹簧，确保拉力正常并且不受杂物干扰。

（四）携带

以人民警察配发的制式单警腰带为例，将伸缩警棍以收缩形态、棍头向下放置于警棍套内，警棍套放于单警腰带的弱手边腹前位置，或棍头向上放于单警腰带的强手边配枪后面。因棍套不同会存在一定的差异，要求能够快速、安全出棍为宜（图3-1-2）。

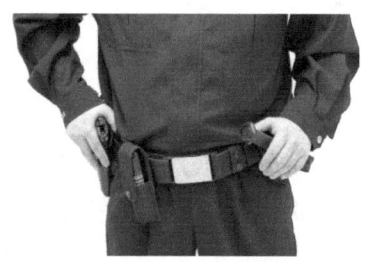

图3-1-2

(五)检查

(1)开棍顺畅。(2)伸缩管锁定稳固,不松动。(3)棍身未发生变形。(4)棍头旋紧。(5)底盖旋紧。

二、基本操作

(一)持握方法

握棍的手指直接影响持棍的稳固。拇指、中指及无名指是主要的握棍手指,使警棍均衡地置于掌内。如用其他手指握棍,会感觉不自然且力度较弱。令握棍强而有力的其他因素有手握手把的位置。手掌应握棍于手把的平衡点,即手把末端向上一个手掌位(图3-1-3、图3-1-4)。

图3-1-3

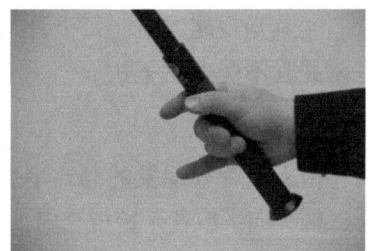

图3-1-4

(二)戒备姿势

1. 腹前戒备(图3-1-5)

(1)在盘问位置以45度角向着对方。(2)保持安全距离(以对方原地无法直接接触为准)。(3)佩枪一侧应远离嫌疑人。(4)将警棍横置于腰带中部,并以双手遮掩警棍。

图 3-1-5

2. 提棍戒备（图 3-1-6）

（1）在盘问位置以 45 度角向着对方。（2）保持安全距离（以对方原地无法直接接触为准）。（3）佩枪一侧应远离嫌疑人。（4）强手持警棍并垂下靠在强腿后。（5）弱手放于腰带中部，做戒备姿势。

3. 肩上戒备姿势（图 3-1-7）

（1）保持身体重心平衡。（2）弱手做提手戒备姿势。（3）将警棍的伸缩管放在肩膀上或外侧。（4）将棍尾指向对方。（5）手肘护胸同时避免妨碍视线。

图 3-1-6

图 3-1-7

4. 反手戒备姿势（图3-1-8）

（1）连续动作之间的暂时性戒备状态。（2）强手持握警棍置于弱手侧腋下，手臂横跨胸前。（3）弱手做提手戒备姿势。（4）保持重心及平衡。（5）手肘护胸避免妨碍视线。

（三）开棍方式

图3-1-8

伸缩警棍的开棍是利用地心吸力及离心力的原理进行的。伸出警棍是用手腕发力并快速地以45度角向地面挥动。伸缩管内的伸缩锁会自动将警棍锁定于伸延位置。或选择朝向天空，警察可明显地将警棍挥动向天使之伸延。而在紧急情况下，也可将警棍挥动向危险方向以打开警棍。

1. 上开棍（图3-1-9、图3-1-10）

图3-1-9　　图3-1-10

高调展示武力，且环境较为开阔时使用。

2. 下开棍（图 3-1-11、图 3-1-12）

图 3-1-11　　　　图 3-1-12

低调展示武力，以及狭窄环境下使用。

3. 紧急开棍（图 3-1-13、图 3-1-14）

图 3-1-13　　　　图 3-1-14

紧急状态下使用。

（四）收棍方式（图3-1-15、图3-1-16）

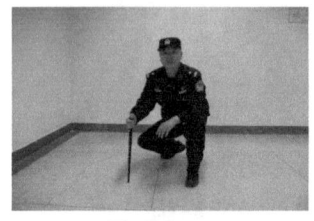
图3-1-15

图3-1-16

（1）眼望对方，单脚跪下收警棍。
（2）利用下跪时身体的重量协助收棍。
（3）如使用机械棍，直接用拇指按压棍锁，左手协助收棍，使警棍锁定。

三、击打技巧

（一）击打部位（图3-1-17、图3-1-18）

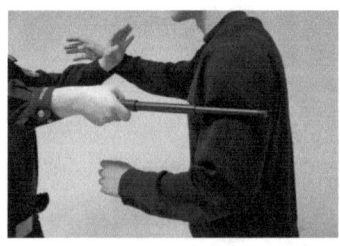
图3-1-17

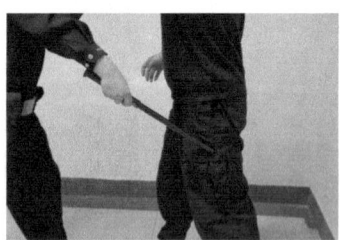
图3-1-18

（1）击打部位为人体大肌肉组织内的活动神经点（股骨、腓骨、胫骨、桡侧、桡正中），全力击打时可能会造成30秒至数分钟的暂时性活动机能失效。
（2）击打人体关节或骨骼可能会造成严重伤害，应慎重使用。

（3）击打对方的头部、颈部可能致命。

（二）击打方式

1. 正手击打

将警棍置于强肩外而由强边踏步至弱边时同时挥棍。而警棍的移动路线应与水平线平行，目标为上述各活动神经点。击打后，可顺势将警棍置于弱手侧腋下作反手戒备（图3-1-19）。

2. 反手击打

基本目的是延续正手击打以令对方保持距离，或者当正手击打没碰到目标时，作为恢复正手位置的途径。开始时，警棍置于弱手侧腋下，警棍的移动路线与水平线平行。挥动警棍时手掌应朝向地面，利用腰力以上述各活动神经点为目标。击打后，应回复正手戒备位置（图3-1-20）。

图3-1-19

图3-1-20

四、注意事项

（1）使用警棍前应口头警告。

（2）通过移动身体保持安全距离。

（3）击打后应使用其他控制手段。

（4）使用警棍后，视情况安排相应的医疗救治。

第二节　手　铐

手铐是利用机械锁原理制作的一种合金钢质约束性警械具（图3-2-1）。

图 3-2-1

一、基础知识

（一）构造

手铐一般由铐环（固定臂、活动臂）、铐锁、钥匙、铐链（铰链）等部分构成。

（二）保养

使用时，定期注入少量润滑油。不用时，应放置在通风干燥处。

（三）携带

以人民警察配发的制式单警腰带为例，将手铐铐环相对折叠，铐链向下放置于手铐套内，手铐套放于单警腰带的弱手边腰后侧位置（图3-2-2）。

图 3-2-2

（四）检查

（1）扇齿滑入顺畅。（2）铐环活动臂锁止正常。（3）铐环未发生变形。（4）铐链连接紧密。（5）钥匙插拔、旋转顺畅。

二、基本操作

（一）使用方法

（1）扇齿旋转，卡住手腕，加压扇齿，手铐锁紧。

（2）钥匙插入锁孔旋转，右旋手铐打开，左旋扇齿固定。

（二）准备状态（图 3-2-3）

图 3-2-3

（1）右手持铐于体前。（2）将铐链部分抓握在手掌内部。（3）两铐环上下垂直状态，上铐环活动臂指向左侧，下铐环活动臂指向自己。(4) 铐环保持闭合状态，留有 3~4 齿余量。

(三) 上铐方法

1. 压腕上铐

铐环活动臂向对方腕关节下压，使活动臂利用惯性完成开口再闭合的上铐方式（图 3-2-4）。

2. 挑腕上铐

铐环活动臂向对方腕关节上挑，使活动臂利用惯性完成开口再闭合的上铐方式（图 3-2-5）。

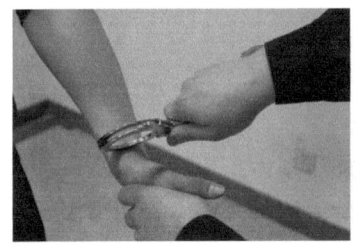

图 3-2-4

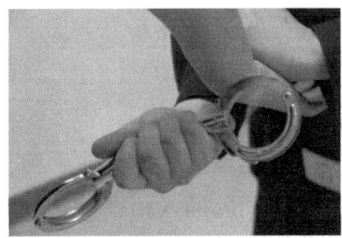

图 3-2-5

3. 开口上铐

铐环在开口状态下，将对方腕关节放入铐环内，再将铐环闭合的上铐方式（图 3-2-6）。

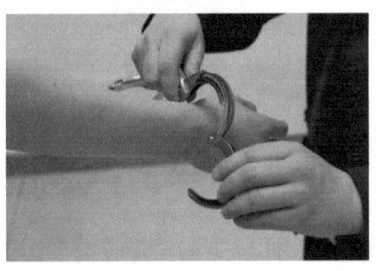

图 3-2-6

三、使用技巧

(一)举手上铐

(1)令对方双手高举,五指展开,手心向前(图3-2-7)。

(2)右手持铐从对方左后侧接近,左手从内侧正手抓握对方左腕关节下拉并且回折控制,右手用压铐技术从对方右手腕关节内侧上铐下拉带回(图3-2-8)。

 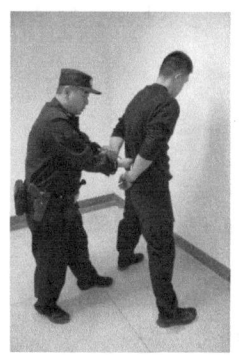

图 3-2-7　　　　　图 3-2-8

(3)用挑铐技术对左手腕上铐(图3-2-9)。

(4)将对方调整为背靠状态并检查铐环(图3-2-10)。

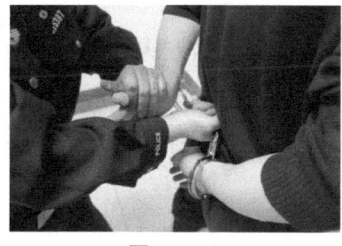 

图 3-2-9　　　　　图 3-2-10

(二) 背手上铐

(1) 令对方弯腰,头向左看,双手向后,五指分开,掌心向上。

(2) 右手持铐从对方右后侧接近,左手抓对方右手大拇指,使对方右手向右侧运动,右手持铐用上铐环向左运动,顺势上铐(图3-2-11)。

(3) 左手抓对方左手大拇指上提后再使对方左手腕向下运动,右手用下铐环上挑,完成上铐(图3-2-12)。

图 3-2-11

图 3-2-12

(4) 将对方调整为背靠状态并检查铐环。

(三) 倒地上铐

(1) 接近对方并成跪压状态。

(2) 令对方右手放于背部,上铐环用压铐方式对其上铐(图3-2-13)。

(3) 左手折压对方左手腕带至背部,下铐环用挑铐方式完成上铐(图3-2-14)。

第三章　单警装备使用技能

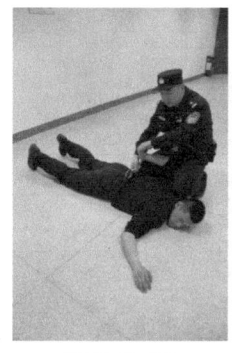 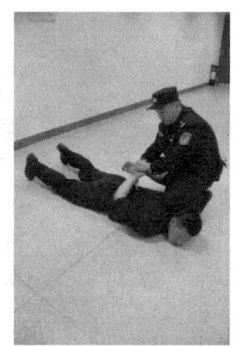

图 3-2-13　　　　　图 3-2-14

四、注意事项

（1）上铐前，要检查手铐是否完好无损，手铐的保险是否开启。

（2）保持高度警惕，上铐前嫌疑人应已被我警方完全控制，并且嫌疑人的双手始终处在我方的视线范围内。

（3）一手持铐，握钥匙孔部位，另一手抓住嫌疑人手腕，逐个将铐戴上并扣紧，使用时，要让对方双手成反铐位置。

（4）上铐后，及时调整铐环松紧程度并开启保险，检查铐环锁止功能是否正常。

（5）在带离过程中，随时检查手铐的安全使用情况。

第三节　警用催泪喷射器

警用催泪喷射器是供民警在执行公务时，快速制止执法相对人违法犯罪行为以及防身自卫的器械（图3-3-1）。

图 3-3-1

一、基础知识

（一）成分

警用催泪喷射器的主要成分有强效催泪剂（CS）和天然辣椒素（OC）两种。

（二）储存

存放于阴凉通风低于40℃和儿童不能接触的地方。

（三）携带

可将喷射器喷嘴向上、向内放入喷射器套，置于单警腰带的强手侧腹前近腰带扣位置（图 3-3-2）。

图 3-3-2

（四）检查

检查喷射器时重点检查生产日期是否有效、保险盖掀起是否顺畅、喷嘴是否出现渗漏等情况。

二、基本操作

（一）使用姿势（图 3-3-3）

（1）强腿在后。

（2）用强手持喷射器。

（3）强手尽量伸前，以弱手按强手腕。

（二）使用方法

将喷嘴对准袭击者面部，顶开顶部保险盖，按下掀头直接喷射，手松开自动关闭，有效距离 2~3 米。具体可分为以下两种使用姿势。

图 3-3-3

（1）拇指按压（图 3-3-4）。

（2）食指按压（图 3-3-5）。

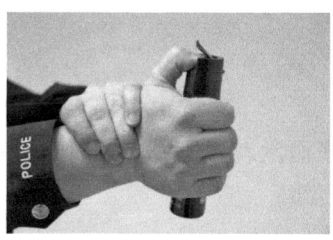 

图 3-3-4　　　　　　图 3-3-5

(三）使用技巧

1. 单点式

固定一个点位，直接向对方面部喷射。一般喷射 2~3 秒应暂停一次，以观察对方的反应。

2. 画圈式

按下开关后，以画圈的方式喷射喷剂，使喷剂在一定范围内扩散，用以处理靠近或左闪右避的嫌疑人。

3. 喷雾式

将喷雾剂喷射向所有方向直至用尽喷剂为止，使现场空气充满喷剂。最适于室内行动、人群控制或撤退时使用。

(四）作用效果

（1）接触后皮肤产生被燃烧的灼热、疼痛感觉，尤其是出汗、湿润的部位。

（2）接触后双眼感觉刺痛、流泪及无法睁眼，失去方向感。

（3）口、鼻吸入溶剂，会导致黏膜肿胀、咳嗽、流鼻涕、呼吸道有疼痛发炎的感觉，胸闷、呼吸急促并出现暂时性的呼吸困难，欲语不能。

(五）善后处理

1. 告诫与安慰

遭受催泪剂刺激的人往往紧张而激动，民警应及时言语控制并安慰，切勿令对方揉擦双眼或面部。

2. 清除感染物

（1）将目标移至未受喷雾剂感染的空间，保持现场空气流通。

（2）固定目标位置，使目标放松，进行正常的呼吸。

（3）用大量的清凉水冲洗眼、脸，可用非油性肥皂和水冲洗受影响部位；冲洗后用湿或干的纸巾沾干受影响部位，不可揉擦。

3. 询问

经过清水清洗后，应对对方进行以下询问，以确保无意外发生。

（1）当时是否受药物及酒精影响。

（2）在过去的8小时内是否使用药物或酒精。

（3）是否是心脏病、肺病、糖尿病、高血压、哮喘病、过敏症患者。

4. 观察

眼部及面部不适的感觉应在15~30分钟内明显消退；呼吸道不适的感觉最多60分钟即得到改善，但仍会出现咳嗽、异物感。如不适症状一直持续，则应送往医院处理。

三、注意事项

（1）喷射之前，用语言警告。

（2）注意风向。

（3）避开队友以及周围群众的位置。

（4）如果对方戴有隐形眼镜应进行摘除。

（5）被喷雾剂影响的犯罪嫌疑人应当有人照顾。

（6）押送此类犯罪嫌疑人时，切勿令对方以俯或卧的姿势进行，否则会增加其胸部呼吸的阻力。

第四节　警用强光手电

警用强光手电是一种战术手电,由于战术手电的照度与色温很高,对被照射人的眼睛有强烈的视觉抑制作用,在黑暗中对抗时,将光柱直射对方的眼睛,对方便无法辨别我方的准确位置(图3-4-1)。

图 3-4-1

一、基本知识

(一)参数

(1)额定电压:3.6V。
(2)额定容量:2.2Ah。
(3)使用寿命:≥100000 小时。
(4)放电时间:5%弱光 6540 分钟;
　　　　　　 100%强光 450 分钟;
　　　　　　 10Hz 爆闪 516 分钟;
(5)充电时间:6~8 小时。
(6)电池寿命:500 循环。

(二)保养

长期存放时应充满电后存放,如长期空电存放容易使电池报废。

（三）携带

可将警用手电前端向下放入手电套内，置于单警腰带的弱手侧腰后位置（图 3-4-2）。

图 3-4-2

二、基本操作

（一）持握方法

（1）使用弱手持握手电。

（2）可用拇指控制手电开关，手臂前伸（图 3-4-3）。

（3）也可以用食指控制开关，弱手举起至肩旁（图 3-4-4）。

图 3-4-3

图 3-4-4

（二）光源模式

1. 弱光模式

近距离照射模式，适合近距离使用，如证件检查、机械维修、行走照明等。当电筒关闭 5 秒后或第一次开启，连续按动开关 3 次，或按动开关 1 次，再用手指轻压开关，见光熄灭后手指离开开关，即开启弱光模式。

2. 强光模式

战术照明模式，适合对使用对象的面部攻击性照射、不同环境下的搜捕、救援、探险等。当电筒关闭 5 秒后或第一次开启，按下开关即为强光模式。

3. 强光爆闪

战术爆闪模式，适合抓捕、强行停车指示、救援信号等。当电筒关闭 5 秒后或第一次开启，连续按动开关 5 次，或按动开关 1 次，再用手指轻压开关，见光熄灭后手指离开开关，再轻按 1 次，即为战术爆闪模式。

三、实战应用

（一）射击应用

1. 外展式持握手电

用弱手持握手电，大小臂伸直大概与地面平行，远离身体。此方法适用于在隐蔽物后搜索。对于习惯单手持枪的警察来说，此方法较为适用。但当站在近墙位置或手电筒离身体太近时此方法容易暴露自己（图 3-4-5）。

2. 手背贴靠方法

警察强手持枪，弱手持手电，强手手背贴弱手手腕关节，用弱手中指控制手电开关。此方法比较稳定，不易晃动，利于概略瞄准，适用于警察进行搜索行动（图3-4-6）。

3. 拇指贴靠方法

强手持枪，弱手持手电，两手大拇指根部相贴，手掌相对。此方法适用于正身位射击姿势，可以使警察以最快的速度进入最佳的射击位置，而且手电光线直射犯罪嫌疑人时，手枪也随即直指对方，降低了射击难度。此方法比较适于在搜索中遇到突发情况时使用，但由于手电筒居于身体中部，容易暴露身体的位置（图3-4-7）。

图3-4-5　　　　图3-4-6　　　　图3-4-7

（二）搜索应用

1. 黑暗区域的照明

当警察在一个黑暗的区域内移动时，本身及对方都同样受到黑暗的掩护。因此，必须有限度使用手电以免暴露自身位置。除非在寻找路线、确认危险以及需要射击等必须开启手电时，否则应保持手电熄灭状态。

2. 注意事项

(1) 每次亮光尽量不超过 1 秒。
(2) 手电熄灭后尽快移动位置。
(3) 确保亮光后光柱指向有效位置。
(4) 不在队友身后亮起光源。

第四章
搜身带离技能

第一节 搜身技术

一、搜身的要求

（1）搜身必须在嫌疑人已被警察控制，失去反抗能力的前提下进行。

（2）搜身时要先搜对方的主要部位（腰部、腋下等）。

（3）搜身时一般要求用手挤压，触摸翻动，不可轻拍轻摸。

（4）搜身时的口令必须准确、清楚，不得模棱两可。

（5）搜身时必须认真彻底，不留隐患。

（6）搜身时必须分工明确、站位合理。

（7）对女性搜身应由女警察执行。

二、搜身的基本手法

（1）抚摸。用手掌贴在衣服上缓慢移动，用掌心感觉所能触及的异状物体。

（2）挤压。手掌不时用力按压，同时用手指抓掐。

（3）翻撩。将目标衣服翻撩开，或者将其衣裤口袋翻开，露在外面进行检查。

三、搜查的部位

一般容易忽视但有可能隐藏凶器的部位有：帽子里、衣领口里、项链、手心及手指缝间、护腕里、腋下腰间、皮带内侧、衣服口袋、小腿部位、鞋底凹形处等。

四、搜身的形式

搜身一般采取一人搜身，其他人员警戒的方式。
（1）站立式搜身（图4-1-1）。
（2）跪地式搜身（图4-1-2）。

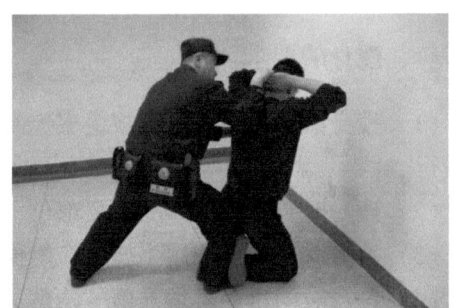

图4-1-1　　　　　　　图4-1-2

（3）卧地式搜身（图4-1-3）。

图4-1-3

第二节　带离技术

一、带离的基本要求

（1）带离时，如果带离人员在两人以上，分别位于带离对象左、右两侧，或一前一后；带离女犯罪嫌疑人必须有女民警参加；如果是单人带离，务必在带离对象的侧后方，切忌并行或在带离对象的前面。带离时，必须严密观察动静。

（2）带离时，随时观察、了解带离对象的思想、情绪变化，防止带离对象与熟人接触或以暗语示意，防止发生其在途中逃脱、自杀等事故。

（3）带离路线应尽量避开闹市区和人烟稠密的地方、偏僻地方。一定要通过闹市区的，应令带离对象快速前进，防止人、车辆挡住视线或围观堵截。

二、徒手带离技术

（1）抓臂带离。双手抓握要适中，随时感受对方的手臂运动（图4-2-1）。

（2）折腕带离。身体紧贴对方的肘部，控制其手臂而折腕（图4-2-2）。

（3）别臂带离。屈臂上抬对方的小臂，同时别压对方的上臂，身体夹紧，别臂的力点作用在对方的肘部（图4-2-3）。

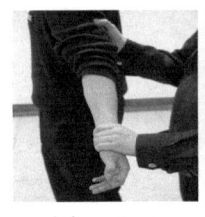  

图 4-2-1　　　　图 4-2-2　　　　图 4-2-3

三、上铐后带离技术

（1）折腕抓肘带离。上铐后，我方站在对方的左后侧，右手抓握对方的左手，折压其手腕，左手抓住对方的左肘关节，双手控制对方，实施带离（图 4-2-4）。

（2）别臂带离。上铐后，我方站在对方的左侧，右臂从嫌疑人的左臂下插入向上别臂，左手抓住对方的肩辅助控制，实施带离（图 4-2-5）。

图 4-2-4　　　　　　图 4-2-5

（3）抓领带离。上铐后，我方站在对方的左后侧，右手从嫌疑人的手铐下穿过，向上抓住对方的衣领，右手下压，右臂上抬，使嫌疑人身体前倾，同时左手抓住对方的肩臂部，辅助控制，实施带离（图 4-2-6）。上述带离动作都要注意站位，随时察看对方的反应。

图 4-2-6

四、利用警棍的带离技术

（1）别臂带离。上铐后，我方站在对方的左侧，右手持棍从嫌疑人的左臂下插入向上别臂，左手抓住对方的肩辅助控制，实施带离（图 4-2-7）。

（2）别铐带离。右手握警棍把段，将棍前段斜向插入手铐与对方两腕之间，左手抓住其后衣领，别转铐链，实施带离（图 4-2-8）。

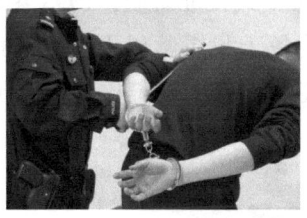   

图 4-2-7　　　　　　　图 4-2-8

第五章
警用武器实战技能

第一节　警用武器介绍

一、警用杀伤性武器介绍

（一）QSZ92 式 9 毫米手枪（图 5-1-1）

QSZ92 式手枪是我国最新研制的军、警用战斗手枪。该枪从 20 世纪 90 年代开始论证，1994 年正式批准研制，1998 年设计定型，简称"92 式"手枪。该枪装备于我军营以下军官、武警及特种兵，我军驻澳门部队率先装备该枪，现正逐步装备到公安系统。

图 5-1-1

1. QSZ92 式 9 毫米手枪的特点

（1）弹匣容弹量大、火力持续性强。

该枪采用 15 发双排双进大容量弹匣，容弹量是原国产手枪的约 2 倍（54 式、59 式手枪弹匣容弹量为 8 发；64 式、77 式手枪弹匣容弹量为 7 发），从而使该枪的火力持续性增强。

（2）故障率低，可靠性好。

该枪通过了各种环境模拟试验，高温、低温分别达到 +50℃ 和 -45℃，扬尘和扬尘后淋雨、浸河水等，目前在国内外手枪中极其少有。使用故障率低于 0.2%。

（3）侵彻力强，停止作用好，且无过分穿透。

该枪的用弹弹头采用复合钢心结构，其侵彻力和杀伤力均优于 9 毫米普通巴拉贝鲁姆手枪弹。当击中有防护的有生目标后，弹头会产生偏转，终点创伤弹道将是一条不规则的空腔，给目标以重大创伤。弹头结构设计合理，使弹头能够在较低的速度中完成侵彻任务。该枪配备的 9 毫米低侵彻杀伤手枪弹，能防止过分穿透。92 式手枪是公安民警维护社会治安和自卫的一种武器。

（4）瞄准方便，后坐力小，射击精度好。

92 式手枪配有两种瞄准装置：一是配用简易机械瞄具（有荧光夜瞄点），机械瞄具简单可靠且便于夜间瞄准；二是设有激光瞄具接口，可安装激光瞄具，开创了国产手枪可实施激光瞄准的先例。

该枪采用了枪管短后坐回转的开闭锁方式，使得后坐能量在传递时被吸收了一部分，枪机运动撞击位于塑料握把里面的弹性支架时又被吸收了一部分，塑料握把本身还可吸收一些能量，这样在射击时就不会引起全枪过大的、不舒适的震手和后坐。科学的能量传递、合理的结构布局，使得武器后坐得到较好地解决，大大提高了手枪射击的命中率。92 式手枪的射击精度优于现有国产手枪。

（5）功能齐全，结构新颖，操作方便，人机工效好。

①设有弹膛有弹指示和空仓挂机。手枪即使是在闭锁情况下，也可向射手提示膛内有无实弹；射击弹尽时，枪机停在后方位置，既可避免射手在无弹情况下仍瞄准击发，又使射手重新迅速装弹，为射手赢得战机和争取主动创造了条件。

②设有两种保险机构，安全保险，机动灵活。除有手动保险外，还有击针跌落保险。在非射击状态下，击针始终处于保险位置，即便手枪受到严重碰撞或无意识地从射手手中脱落，击针也仍处于保险状态；只有在扣动扳机时，才能释放击针，完成击发。只要射手手指不放在扳机上，武器就会自动处于保险状态，从而有效地避免了走火事故的发生；倘若执行紧急任务时，也不必关上手动保险，一旦出现情况，食指扣动扳机就可实施射击。手动保险扳把置于枪身两侧，左右手均可操作。使用安全，击发快捷，动作简单。

③设有联动击发，首发射击开火迅速。92式手枪具有单动、联动双重功能。所谓联动击发，即射击时扣动一次扳机就可完成待击和击发。该枪首发弹射击时，射手不用预先扳动击锤，倘若万一出现瞎火，继续扣动就可立即补射，从而为射手争取了时间，提高了射击速度（联动功能）。首发弹射击后击锤就已经待击，若扣动扳机便可释放击锤（单动功能）。

④采用整体塑料握把，重量轻且握持舒适。92式手枪由于采用了全塑料握把，避免了采用双排双进弹匣会带来握把加厚增重的可能，实现了增大不增重；握把的握围适应中国人的手型，并尽可能地控制在最小范围内；握把两面及后侧还铸有网状方格花纹，增大了射手射击时手掌与握把的摩擦系数；握把上部还设置成了深凹形，避免了54式手枪射击时常出现的击锤压迫虎口的

现象，单手、双手握持都十分舒适。

2. 性能

（1）战斗性能。

92 式手枪火力杀伤 50 米以内的单个生动目标。该枪原理新颖、结构合理、精度好、可靠性高、威力大、重量轻、外形美观大方。全枪采用单元化组件形式，勤务性好，握持舒适，人机工效好。

（2）主要诸元。

口径：9 毫米；

射击方式：半自动；

战斗射速：30 发/分；

供弹方式：弹匣双排供弹；

弹匣容弹量：15 发；

枪全重（含一个空弹匣）：0.76 千克；

长×宽×高：190 毫米×35 毫米×135 毫米；

准星：矩形（荧光点）；

照门：方形缺口（荧光点）；

寿命：3000 发；

瞄准基线长：152 毫米；

初速：350 米/秒；

有效射程：50 米；

使用弹种：92 式 9 毫米普通弹和 9×19 巴拉贝鲁姆手枪弹。

3. 主要机件名称、用途

92 式手枪由枪机部分、发射机组件、握把组件、弹匣组件四大部分组成。

（1）枪机部分（图 5-1-2）。

枪机部分是枪管和击发机构的载体，作为闭锁机构的支撑体，完成枪弹的发射。

图 5-1-2

瞄准具：照门与准星配合瞄准目标，赋予手枪一定的射角和射向，该枪照门和准星设计有荧光点，便于射手在光线不足时瞄准。

枪管套：安装在枪机前端，用于规正枪管方向，同时作为复进机的前支座。

枪管：枪管提供火药燃烧场所，与火药气体配合，赋予弹丸一定的初速、旋速及飞行方向，整体枪管镀铬，有6条膛线，采用宽阴线结构，增强枪弹飞行平稳性，提高了射击精度。

复进簧：完成自动机复进和闭锁，同时完成枪机后坐过程中的降速，另外作为空仓挂机的复位簧，完成空仓挂机。

复进簧导管：规正复进簧，并为复进簧压缩、伸展提供路径。

联接座：完成枪管的开锁、闭锁、回转，并作为枪机后坐到位的撞击体。

击针：在击锤的打击下前冲，撞击枪弹底火，击发枪弹。

击针保险簧：作用于击针保险轴，使其将击针卡在后方，不能再向前移动。

击针保险轴：通过击针保险簧的作用，卡入击针横槽内，将击针锁在后方，完成击针保险。

回针簧：击针完成一次击发后，在回针簧的作用下，自动返回待机位置，完成击针击发后的复位。

（2）发射机组件（图5-1-3）。

发射机座是射击机构、保险机构的机体，也是运动部件的机座，它将发射机构各组装件容于一身，完成总体结合，部件拆装不需要专用工具。

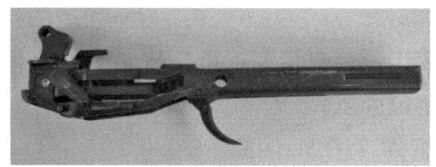

图5-1-3

扳机：人与发射机构的接口，通过扣扳机完成射击。

扳机簧：完成扳机和拉杆复位。

扳机击锤轴：定位击锤部件和拉杆部件。

拉杆：在外力的作用下，解脱阻铁，释放击锤，完成枪弹射击。

拉杆轴：联接拉杆和扳机。

击锤：其作用是打击击针，完成击发。

击锤簧：为击锤回转提供能量，击锤簧又是保险定位簧。

击锤簧顶销：击锤与击锤簧之间的传力件，规正击锤能量的作用方向。

击锤簧座：完成击锤簧能量转换并作用保险定位件。

（3）握把组件（图5-1-4）。

握把是手枪的核心部件之一，是其他部件的载体，整体铸塑握把，具有减震和缓冲作用，保险扳把和弹匣扣可根据需要更换安装方向，便于安装和左右手使用。

图 5-1-4

保险：锁住击锤、扳机和枪机，从而使操作安全可靠。

弹匣扣：定位弹匣。

（4）弹匣组件（图 5-1-5）。

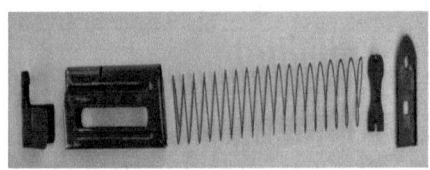

图 5-1-5

托弹板：枪弹支撑件，确保枪弹在弹匣的正确排列，并具有空仓挂机功能。

弹匣体：弹匣主体，弹匣两壁的内侧采用前后导弹机，以减小供弹过程中的摩擦力，压弹方便迅速。

托弹簧：赋予枪弹一定作用力，确保射击过程中的供弹可靠性。

托弹簧底板：定位托弹簧限位弹匣盖。

弹匣盖：封闭弹匣盖底端。

4. 半自动原理

将装有实弹的弹匣由握把下方装入，并由弹匣扣扣住，拉枪机向后，枪机压倒击锤（此前可扳击锤向后），击锤推拉杆向前，同时，枪机压单发杠杆回转，单发杠杆压拉杆向下，枪管后坐回转,复进簧压缩,枪机后拉到位,首发弹达到最高位。松开枪机,复进簧伸张,枪机推弹入膛,拉壳钩张开抱弹,枪管回转闭锁,复进到位。

食指扣压扳机向后,扳机拉拉杆向前,拉杆带动击发杠杆回转,击发杠杆顶端推击针保险轴向上,解脱击针保险后,击针杠杆下端抵开阻铁,阻铁释放击锤,击锤向前回转打击击针,击针前冲,击发枪弹。枪机在火药气体作用下后坐,弹壳被拉壳钩抱住,随枪机一起后坐,到达抛壳厅,抛壳厅顶弹壳底缘,弹壳从抛壳口抛出,枪机继续后坐到位。枪机后坐到位后,下一发弹达到最高位,枪机在复进簧作用下,向前推弹入膛,枪机推枪管回转,复进到位,完成送弹,若要再次发射,必须松开扳机,再扣扳机直至呈空仓挂机状态。

(二) 2005 式 9 毫米警用转轮手枪(图 5-1-6)

2005 式 9 毫米警用转轮手枪武器系统是公安部根据公安机关实战需要,自主组织研发的一种新型武器系统。该系统于 2001 年 6 月正式开始研制,2005 年 12 月完成技术鉴定,2006 年 6 月开始公安队伍试用,2008 年 7 月正式列入警用装备序列。

图 5-1-6

1. 9 毫米警用转轮手枪的特点

(1) 该枪采用 6 发转轮供弹,回转击锤打击内装式击针实现击发、手动发射、供弹和排壳，其结构简单紧凑。

（2）以线膛枪管发射两种不同作用效果的弹药：9毫米警用转轮手枪既可发射非致命9毫米警用转轮手枪橡皮弹，同时还可发射低能量杀伤弹。

（3）9毫米警用转轮手枪可实现快速联动射击，即使遇到瞎火、不击发故障，可迅速扣动扳机，实现下一发弹击发，适合紧急警务需要。

（4）该枪体积小（全枪长/枪管长为186/75毫米）、重量轻（0.65千克）、后坐力小，便于携行和快速出枪，机动性能好，操作使用方便。

（5）该枪故障率低（≤0.1%），使用可靠。

（6）该枪射击密集度高（射距25米，9毫米警用转轮手枪弹R50≤5.0厘米，9毫米警用转轮手枪橡皮弹R50≤12.5厘米），优于国内同类手枪。

（7）该枪使用安全性好，设置有跌落保险、转轮不到位保险和独特的强制保险，在同类警用武器当中，保险手段最为完备。

（8）该枪采用内置式击针击发发射机构及钛合金击针，击发可靠，使用寿命长。

（9）有余弹观察孔及附件接口，可联接激光照准器等外接附具，利于充分发挥武器系统作用。

（10）9毫米警用转轮手枪弹发射药为新型发射药，能量高、烧蚀低、残渣少，该弹内弹道性能稳定。

2. 性能

（1）战斗性能。

2005式9毫米警用转轮手枪武器系统是一种新型自卫和防暴武器系统，可根据不同需要发射普通弹和橡皮弹。执行的主要战术任务是：制服50米内犯罪嫌疑分子；驱散50米内非法聚众闹

第五章 警用武器实战技能

事人群；对50米内有生目标有杀伤作用等。

（2）主要诸元。

口径：9毫米；

全枪质量：≤0.7千克；

全枪长：≤190毫米；

弹仓容量：6发；

射击方式：单动/联动；

有效射程：≥50米；

初速：V5：220±15米/秒（普通弹）；

射击精度：R50≤5.0厘米（普通弹）；

　　　　　R100≤12.5厘米（普通弹）；

　　　　　R50≤12.5厘米（橡皮弹）；

故障率：≤0.1%；

全枪寿命：≥3000发；

使用环境温度：-45℃～+50℃。

3. 主要机件名称、用途

2005式9毫米警用转轮手枪主要由枪身组件、转轮组件、击锤组件、扳机组件等部分组成（图5-1-7）。

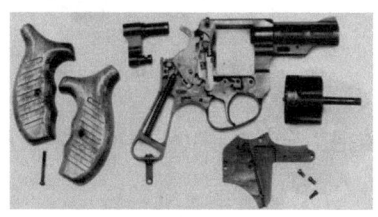

图5-1-7

（1）枪支标志（图5-1-8、图5-1-9）。

9毫米转轮手枪的标志均刻印在枪身上，包含有枪号、生产工厂标志和警徽。枪号和生产工厂标志刻印在枪身的左侧，警徽刻印在枪身的右侧。标志中的枪号是唯一的，便于枪支管理及产品质量跟踪。

 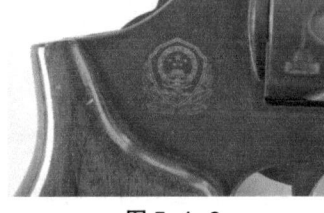

图 5-1-8　　　　　　　　图 5-1-9

（2）枪身组件（图 5-1-10）。

枪身组件主要包括：枪体把、枪管、照门、击针、推柄、推杆、强制保险、枪纲栓等零部件。

图 5-1-10

枪体把：枪体把为全枪的主体，用于联接全枪各零部件及便于操作。

枪管：枪管的作用是赋予弹丸确定的性能，使弹丸获得一定的初速、一定的转速和按射手瞄准所确定的射角。9 毫米警用转轮手枪枪管采用三种结构同枪身相联接：一是螺纹部分，起到联接和承受载荷的作用；二是光轴部分，起到定位确保同轴度要求；三是光轴端面台阶起到轴向定位的作用。此结构既保证了同轴度又保证了足够的强度。

照门：照门和准星配合便于瞄准。

击针：用以承受击锤打击动能，打击枪弹底火，发射枪弹的弹丸。9毫米警用转轮手枪采用内置式击针结构，前后方定位牢固，加工装配简单，击发可靠性好。击针前撞击面有击针垫圈，避免击针与枪身的直接撞击；击针后端面定位靠击针套实现，击针套采用螺纹联接，后端凹入枪身，同时设有击针套挡块防止击针套松动后窜。击针采用钛合金Tc4，它的优点是耐冲击性能好，能承受大量的冲击击发。

推杆、推柄：推杆向前移动，顶出转轮中心轴，解脱处于击发位置的转轮，以便于打开转轮，前移的推杆后端台面阻止了击锤的转动，实现了不到位保险。推杆移动靠推动固定在推杆上的推柄完成。

强制保险：强制保险靠置于击锤的前端面和枪体把打击面之间的垫块，使击锤打击不到击针来实现保险功能。当射手携枪运动或其他需枪支不能出现"走火"情况下，应使用强制保险。

枪绠栓：枪绠栓是枪绠的联接口，可有效保证持枪人员对枪械的控制，防止枪械丢失以及受到劫持。

（3）转轮组件（图5-1-11）。

转轮组件由退壳轴、转轮支架部件、挡圈、退壳簧、中心轴簧、转轮、退壳挺、中心轴等组成。转轮是手枪的重要零件。转轮容纳枪弹，射击时绕中心轴转动，完成依次供弹；射击后打开转轮支架，实现退壳和装填新枪弹。

图 5-1-11

（4）枪管套部件（图 5-1-12）。

枪管套部件由枪管套、前定位杆、固定销、前定位杆簧等组成。枪管套在枪管上，它为武器提供准星，也为转轮中心轴及退壳挺提供支撑，同时还为手枪的辅助装备提供接口。

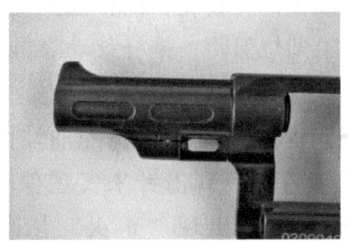

图 5-1-12

（5）击锤部件。

击锤部件主要由联动齿、联动齿簧、轴、击锤、击锤销组成。

击锤是武器的重要零件。击锤靠击锤簧的能量，打击击针，实现击发枪弹。

（6）扳机簧座部件。

扳机簧座部件由扳机复位簧、复位簧座、跌落保险等组成。

扳机簧座内套扳机复位簧，簧座向后运动压缩扳机复位簧；

在复位时，簧座上面的凸起带动击锤从击发后的位置回转到垂直待发位置。在簧座上安装了跌落保险。

（7）扳机部件。

扳机部件主要由扳机、棘爪簧、扳机推杆轴、轴、棘爪部件、扳机推杆等组成。

扳机推杆、扳机是手枪用食指扣动击发的重要零件。扳机转动压下限位块，解除对转轮的定位，通过推动棘爪推动转轮旋转；联动时，与击锤及联动齿啮合带动击锤回转；单动时，与击锤扣合以备单动击发；压缩扳机复位簧，以备回位。

棘爪在武器中间上下移动，推动转轮转动，在棘爪簧的作用下，棘爪始终作用在转轮的后端面上。

4. 主要机构及动作

（1）击发发射机构。

两种击发方式完成射击动作。单动击发主动件为击锤，扳压击锤，带动扳机回转，实现转轮转动（供弹）及扣合击锤的动作，击发时扣压扳机；联动动作的主动件为扳机，扣动扳机，带动转轮转动实现供弹并压倒击锤，打击击针。

（2）保险机构。

9毫米警用转轮手枪具有三种不同的作用机构的保险装置，以实现使用、保存、携行安全可靠。

①跌落保险。9毫米警用转轮手枪设计了跌落保险机构。在转轮手枪碰到意外跌落的情况下，由于惯性作用击锤带动扳机簧座向后移动，而跌落保险靠扳机簧座带动，此时只要簧座没后移到位，武器始终处于保险状态，即击锤只有在回转足够大的角度时才能解脱该保险机构，也就是说只有当手枪跌落后的惯性力达到扣动扳机的程度，方可击发枪弹，达不到这种情况下的跌落，该保险使击锤打击不到击针，从而保证了使用的安全性。经试验

证明,当手枪从 1.5 米高度上跌落时,惯性力作用仍不能解脱保险。

②强制保险。该保险机构属转轮手枪的独创机构。转轮手枪在使用过程中尤其在单动待发状态,使用的不安全性的隐患表现得就更为突出,由于单动待发时扳机的扣合力比较小(一般约 10~20N),此时因使用者的操作不慎或其他因素的影响就可能引起"走火";另外转轮手枪从单动待发状态转换到放倒击锤,结束使用时,若操作不慎也可能引起"走火"。为了避免转轮手枪使用、维护过程中引起不安全因素,9 毫米警用转轮手枪采用的强制保险机构解决了该问题。所采取的技术方案是:增设强制保险机构、转动保险扳把,利用内部垫块厚度尺寸的不同,实现射击和保险两种功能,保险时,垫块尺寸厚度较大面地处于击锤和打击面之间,防止击锤直接打击到击针,实现强制保险。使用者在携行、保存枪支及取消单动待发时可使用此保险,保证了使用的安全性。

③不到位保险。转轮手枪的枪管和弹膛采用分离的特殊结构形式,装弹和退壳都需要将转轮转出,因此要求在保证转轮相对位置准确、转动灵活的同时还要可靠击发。针对这一问题,9 毫米警用转轮手枪设计了不到位保险,其作用是在转轮转出进行退壳或装弹及转轮合膛不到位时,击锤被限制无法回转,实现不到位保险。只有转轮合膛到正确位置即击发位置时,此保险才能解除。该机构保证了发射的安全性。

(3)余弹观察机构(图 5-1-13)。

9 毫米警用转轮手枪设置了余弹显示机构,所采取的技术方案是,在枪身上闭锁挡片的相应位置设置余弹观察孔。由于转轮手枪的循环动作是在扣动扳机的过程中完成的,将发射出去的弹丸不是与枪管正对的弹膛中的枪弹,而是其顺时针方向的次一发弹（转轮手枪又俗称左轮手枪，其弹膛是沿逆时针方向供弹），因此在该位置上的下一发弹的底火所对应的位置预留观察孔，即可通过观察底火的形状状态，方便地掌握余弹的情况。

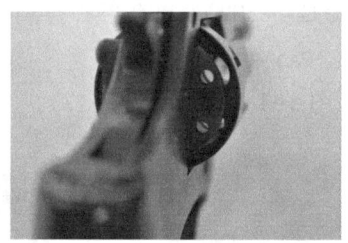

图 5-1-13

5. 配套器材的构造与使用

9毫米转轮手枪的配套器材是9毫米转轮手枪武器系统的重要组成部分，主要包括：枪套、装弹具、擦枪工具、枪绷和激光照准器。

（1）枪套。

9毫米转轮手枪配用的枪套有普通枪套（图5-1-14）和防抢枪套（图5-1-15）两种。

   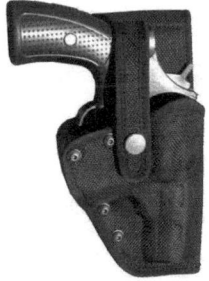

图 5-1-14   图 5-1-15

重量：≤0.15千克（普通枪套）、≤0.22千克（防抢枪套）；

使用寿命：≥3 年；

外观：美观大方、与单警装备协调一致；

人机工效：作用可靠、携行方便、装取快捷；

使用环境：-30℃～+50℃，可在各种自然条件下使用；

有效储存年限：≥5 年。

(2) 装弹具（图 5-1-16、图 5-1-17）。

图 5-1-16　　　　　　　　　图 5-1-17

全重：≤179g（装弹器≤22g，装弹器套≤135g）；

尺寸规格：装弹器（圆高）≤φ3831（毫米）、装弹器套（长宽高）≤90×75×75（毫米）；

种类：普通弹装弹器（红色，内装 6 发）、橡皮弹装弹器（黑色，内装 6 发）、两种装弹器用手触摸可以区分；

使用寿命：≥5 年；

无损落高：≥1.5 米（水泥地面，三个方向，不带套装弹跌落）；

人机工效：卡弹牢固，卸弹快捷，装取方便，弹套结合紧密；

外观：与单警装备协调一致；

使用温度范围：-30℃～+50℃；

有效储存年限：≥5 年。

(3) 擦枪工具（图 5-1-18、图 5-1-19）。

擦枪工具由多用改锥、通条头、通条杆、铜丝刷、套管及说明书组成。所有的工具都放置在方便携带的工具包内。

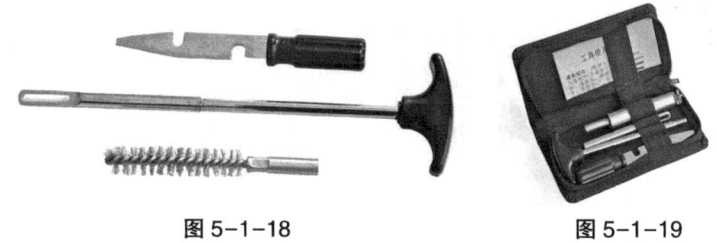

图 5-1-18　　　　　　　　图 5-1-19

（4）激光照准器（图 5-1-20）。

激光照准器主要用于指示目标，同时对犯罪分子（或嫌疑人）具有威慑作用。该激光照准器发射的激光功率较小，不会对人体产生危害。激光照准器通过导轨安装在转轮手枪相应的导轨槽中，安装到位后，拧紧锁紧螺母便可使用。按压开关，照准器发出红色激光，照准目标，在目标体上产生红色激光点。射击时，弹着点与红色激光点一致。

图 5-1-20

（三）QBZ95 式 5.8 毫米自动步枪（图 5-1-21）

1995 年式 5.8 毫米自动步枪与 1995 年式 5.8 毫米轻机枪组成 1995 年式 5.8 毫米班用枪族，其活动机件、机匣及供弹具等均可互换通用。枪族采用无托结构，具有长度短、重量轻、射击精度高、造型美观等特点。

图 5-1-21

1. 性能

（1）战斗性能。

95式自动步枪是警察队员近战中消灭恐怖分子、歹徒等有生力量的自动武器，对单个目标在400米内射击效果最好，集中火力可射击500米内的飞机、空降物以及集团目标。能用实弹发射40毫米系列枪榴弹，使单警具有点面杀伤和反装甲能力。表尺射程：破甲枪榴弹120米，杀伤枪榴弹250米，最大射程400米。必要时，还可加挂枪挂式防暴榴弹发射器，发射35毫米系列防暴榴弹，以完成特殊任务，表尺射程350米，最大射程360米。

发射方式：单发射、短点射（2～5发）和长点射（6～10发）。

战斗射速：点射100发/分钟，单发射40发/分钟。

理论射速：650发/分钟（小孔）。

侵彻力：使用1987式普通弹在300米距离上能射穿10毫米厚的A3钢板；在600米距离上，在贯穿2毫米厚的冷轧钢板后，仍能贯穿14厘米厚的松木板。

（2）主要诸元。

口径：5.8毫米；

表尺射程：500米；

表尺分划：1、3、5；

瞄准基线长：325 毫米；

全枪重量：≤3.5 公斤；

弹匣（鼓）质量：空弹匣为 0.16 千克，装 30 发枪弹为 0.54 千克；

枪全长：746 毫米（不带刺刀）；

全枪寿命：10000 发；

理论射速：每分钟 730~770 发；

初速：920 米/秒；

刺刀质量：0.35 千克；

刀鞘质量：0.25 千克。

2. 主要机件名称、用途

95 式自动步枪由刺刀（匕首）、枪管、瞄准具、导气装置、机匣、枪机、复进机、击发机、弹匣和枪托 10 大部分组成（图 5-1-22）。另有一套附品。

图 5-1-22

（1）刺刀：由刺刀和刀鞘组成，是枪族通用的多功能刺刀。刺刀上有刀柄、刀体、刀环、卡榫等。刺刀具有刺、砍、削、锯、锉等功能，与刀鞘配合可作剪刀；刀鞘上设有改锥和罐头及瓶盖的开刀,侧面还有一块磨刀石。

(2) 枪管:枪口处有枪口装置,用以减小发射时枪口的跳动和火焰,并与后定位器配合,作为枪榴弹发射器及刺刀连接座使用。管外面有上护盖、下护盖。下护盖上有握把、小握把和扳机护圈,握把内有附品筒巢,盛装附品筒。

(3) 瞄准具:表尺采用觇孔型照门和翻转型表尺结构。表尺上有三个觇孔,标有"1""3""5"的数字,表示 100 米、300 米、500 米的表尺距离;标有"0"的表尺板上有一个荧光点,与准星护圈上的两个荧光点组成准星、觇孔倒置式简易夜瞄装置,其弹道性能同表尺"3"。

(4) 导气装置:由导气箍、活塞、活塞簧及气体调节器组成。

(5) 机匣:连接全枪各部件成一整体,引导枪机、枪机框前后运动,与枪机配合闭锁枪膛。

(6) 枪机:用于推弹进膛、闭锁枪膛、击发火帽和退出弹壳,由机体、击针及拉壳钩组成。

(7) 复进机:用以使枪机回到前方位置,由复进簧、复进机座组成。

(8) 击发机:用于控制待发,操纵击发和保险。

(9) 弹匣:弹匣上 3 个孔分别标明 10 发、20 发、30 发的弹数。

(10) 枪托:内部有杠杆式缓冲器,它与后端的变刚度托底板组成双缓冲机构,以降低武器的后坐能量。枪托上还有抛壳窗。

(11) 附品:包括通条接杆(7 根)、通条头、铣杆、冲子、油刷、准星扳手、附品筒、油壶、背带、弹匣。

3. 自动原理

发射时利用从枪管侧孔导出的火药气体的能量,推枪机框带动枪机后退,完成自动动作。机头回转闭锁、平移击锤式击发机,弹匣供弹,杠杆式枪机缓冲塞。自动步枪与轻机枪均能完成连发(全自动)及单发(半自动)射击。

(四) 1979 年式 7.62 毫米冲锋枪(图 5-1-23)

1979 年式 7.62 毫米冲锋枪,是我国自行设计的一种轻型自动武器,于 1979 年 9 月设计定型,1984 年 5 月生产定型,简称"79 轻冲",是我国特种部队和武装警察、公安民警使用的近战和自卫武器,以火力杀伤 200 米距离内的有生目标。

图 5-1-23

1. 性能

(1) 战斗性能。

有效射程:200 米;

射击方法:短点射(2~5 发)和单发射,必要时才实施长点射(6~10 发);

战斗射速:单发 40 发/分钟、短点射时 70~100 发/分钟;

供弹方式:弹匣供弹,弹匣容量为 20 发。每支枪配弹匣

5个；

弹头侵彻力：使用51式手枪弹在200米距离上能击穿130毫米厚的均匀松木板，在100米距离上能击穿4毫米厚的普通钢板、120毫米厚的砖墙和300毫米厚的木板。弹头在300米距离内对人员有足够的杀伤力。

（2）主要诸元。

口径：7.62毫米；

初速：515米/秒；

打开枪托全枪长：740毫米；

折回枪托全枪长：470毫米；

枪宽：53毫米；

枪高：180毫米；

带1个空弹匣全枪重：1.9千克；

带1个实弹匣全枪重：2.1千克；

空弹匣重：0.15千克；

实弹匣重：0.35千克；

瞄准基线长：215毫米；

枪管长：240毫米；

准星宽：22毫米；

扳机力：1~2千克；

枪口动能：726J；

理论射速：1000发/分钟；

寿命：5000发；

平均最大膛压：193MPa。

2. 各部件的名称和用途

79轻冲由枪管、机匣、导气装置、枪机和枪机框、复进机、弹匣、击发发射机构、瞄准具及枪托九大部分组成（图5-1-24）。

第五章 警用武器实战技能

图 5-1-24

(1) 枪管。

枪管用以与火药气体配合，赋予弹头一定的初速和正确的飞行方向。枪管的内部统称为枪膛，由弹膛、坡膛及线膛三部分组成。弹膛，用以容纳及规正枪弹的药筒部分；坡膛，容纳弹丸的前部及便于弹头顺利地嵌入线膛；线膛，赋予弹头以初速和旋速。膛线有右旋的阴线和阳线各四条。

枪管的外部有：导弹斜面，用以引导枪弹进入弹膛；拉壳钩槽，用以容纳拉壳钩的前端，便于拉壳钩转动抓弹；导气孔，用以从枪膛内导出部分火药气体压活塞推枪机向后；枪管的后端与机匣成过盈配合，紧压于机匣节套的枪管孔中，并用一根插销固定。

(2) 机匣。

机匣由机匣体、节套及尾座铆接而成，用以容纳枪机和复进机，固定击发发射机构和弹匣。

机匣体为机匣的主体，外有机匣盖，用以保护机匣内部免沾污垢；握把便于握持及操作，握把内有附品盒槽及螺盖，以盛装部分附品。机匣外还有扳机护圈、弹匣槽和弹匣卡榫。机匣内有枪机框缓冲垫，用以缓和枪机后坐对机匣的冲击；抛壳挺，用以抛出弹壳（子弹）。

节套用以联接枪管及表尺，其上有闭锁卡槽，能保证枪机闭锁枪膛。

尾座铆接于机匣后端，用以支撑复进簧导杆及机匣盖后端。其上有复进簧导杆联接座，机匣盖后定位槽和枪托卡榫。

（3）导气装置。

导气装置用以传递和承受火药气体的冲量，冲出的火药气体推动枪机向后。其主要由调节塞和活塞组成。

调节塞，用以封闭活塞孔前端，并限定活塞向前的距离。前卡销用以将枪托固定在折叠状态。调节塞以调节塞销固定在活塞孔内，调节塞销以限制片簧固定，防止向右滑脱。活塞用以承受火药气体的冲量并传递给枪机框。

（4）枪机和枪机框。

枪机用以推弹、闭锁、击发和退壳，并能压倒使击锤向后呈待发状态；枪机框，承受并传递火药气体的冲量及复进簧的能量，带动枪机前后运动，与枪机配合完成开闭锁。

枪机上有击针，用以撞击子弹底火；拉弹钩用以从膛内抓出弹壳（子弹）。枪机体上还有导榫、送弹凸榫、闭锁凸榫和弹底窝。

枪机框上有圆孔和导榫槽，用以容纳枪机，并引导枪机旋转形成闭锁和开锁。枪机框上还有解脱凸榫、机柄和复进机槽。

（5）复进机。

复进机由复进簧及复进簧导杆组成，其作用是储存枪机、枪机框的后坐能量，以便赋予枪机、枪机框向前复进及完成推弹、抓弹、闭锁及解除不到位保险等所必需的能量。

（6）弹匣。

弹匣用以容纳和托送子弹。弹匣由弹匣体、托弹板、托弹簧、卡板、弹匣盖组成，可装 20 发子弹。弹匣体上有卡榫孔，用以将弹匣固定在枪上；检查孔，当看到子弹时，则已装满子弹。

(7) 击发发射机构。

击发发射机构用以与枪机相互作用形成待发和击发。击发发射机构由扳机、击锤、不到位保险、单发阻铁及快慢机组成。不到位保险，能在枪机闭锁枪膛前防止击发，在连发射击中又起连发阻铁的作用；快慢机用以保险和控制单发、连发射击。

(8) 瞄准具。

瞄准具由表尺和准星组成，用以瞄准。

表尺由表尺轮、表尺轮簧、表尺轮定位销及表尺座组成。表尺轮呈圆柱形，中部有两个高度不同互成90度的照门；右端有一手柄，以便转动表尺轮，变换两个照门的位置。表尺座左侧有定位槽"1"和"2"，分别代表射程100米和200米。

准星由准星、准星移动座和准星座组成。准星固定在准星移动座上，可拧高或拧低，准星移动座可左右移动，准星座上有准星护圈。准星移动座和准星座上各有一条刻线，用以检查准星位置是否正确。

(9) 枪托。

枪托的作用是便于射击时抵肩，以提高冲锋枪的射击精度。79轻冲的枪托为可折叠式枪托，由联接耳、支架及托底组成。

(10) 附品。

用以分解与结合、擦拭、上油、携带和排除故障。附品包括通条、准星扳手、鬃刷、冲子、附品盒、油壶、背带和弹匣袋。

3. 工作原理

自动步枪的自动方式为导气式，发射时利用由枪管导气孔导出的火药燃气，冲击活塞推枪机框带动机头后退，完成开锁、抛壳、压缩复进簧，后坐到位后便在复进簧作用下复进，完成推弹、闭锁等动作。该枪可以完成连发和单发的射击动作。

待发时，枪弹位于弹膛内，机头、枪机框位于前方呈闭锁状态，复进簧呈伸张状态，击锤被击发阻铁扣住停在待发位置，击锤簧呈压缩状态，不到位保险已解脱。

（五）QBU88式5.8毫米狙击步枪（图5-1-25）

图5-1-25

5.8毫米狙击步枪武器系统是由QBU88式5.8毫米狙击步枪、88A式5.8毫米通用机枪弹、5.8毫米狙击步枪白光瞄准镜（也可装配5.8毫米狙击步枪微光瞄准镜）组成的武器系统。该系统是我国自行研制、生产定型的小口径武器系统。它从1988年开始研制，至1995年完成设计定型，1997年首批配备我国驻中国香港部队使用。

QBU88式5.8毫米狙击步枪是我国独立研制的第一支小口径狙击步枪。该枪为导气式半自动武器，机头回转式自动机，击锤回转式击发发射机构，直弹匣供弹，设有空仓挂机结构。气体调节器有大、小气孔和闭气三个位置，瞄准装置配有白光瞄准镜和机械瞄具两大类。表尺、准星采用翻倒式结构，配有轻便可拆卸式两脚架。

QBU88式5.8毫米狙击步枪具有优良的战术性能，射击精度好（优于1985年式7.62毫米狙击步枪），尺寸短、质量轻、动作可靠、寿命长、瞄具功能齐全、远距离威力大、后坐力小、携弹量多，整体结构紧凑，布局合理，外形流畅美观，持枪舒适，携行方便，达到世界先进水平。QBU88 式 5.8 毫米狙击步枪将取代 1985 年式 7.62 毫米半自动狙击步枪。

QBU88 式 5.8 毫米狙击步枪是由狙击步枪与白光瞄准镜组成的狙击手单人使用的武器，主要以隐蔽、突然、准确的射击方式杀伤 800 米内单个重要生动目标，破坏敌方重要仪器、器材和火器等。警察主要用以射击较远距离上拒捕的严重暴力犯罪分子和解救人质。

1. 性能

（1）战斗性能。

QBU88 式 5.8 毫米狙击步枪，是步兵单人使用的兵器，主要以隐蔽、突然、准确的射击方式杀伤单个重要生动目标，破坏敌重要仪器、器材和火器等，在 800 米内射击效果最好。本枪使用 5.8 毫米机枪弹（DBP88U-5.8）、机枪曳光弹。必要时可使用 5.8 毫米步枪普通弹（DBP87-5.8）、普通曳光弹。使用 DVP88 式 5.8 毫米机枪弹，弹头在 1000 米距离上可 100% 穿透 3 毫米厚的 A3 钢板，表尺射程：800 米，有效射击距离：800 米，在有效射程内射击精度 R50<30 厘米，最有效射击距离：600 米。

战斗射速：30~35 发/分钟，狙击步枪的射击方法：单发射，战斗射速：每分钟 10 发，供弹方式：弹匣供弹，容量：10 发，每枪配 4 个弹匣。

（2）主要诸元。

口径：5.8 毫米；

枪全重：4.2 千克；

枪全长：920 毫米；

全枪寿命：6000 发；

初速：910 米/秒；

瞄准基线长（机械）：394 毫米；

弹匣容量：10 发；

装满子弹的弹匣重：0.33 千克；

觇孔表尺孔宽：0.8 毫米×0.8 毫米；

圆柱形准星宽：2 毫米；

瞄准装置：白光瞄准镜、机械瞄具；

发射方式：单发、半自动；

火线高：配轻便两脚架，火线高可调（调整范围：250～300 毫米，间隔 10 毫米）。

2. 机件名称、用途

狙击步枪由枪管、瞄准装置、护盖、活塞及调节塞、复进机、枪机、击发机、机匣、枪托、弹匣、脚架 11 部分组成（见图 5-1-26），另有一套附品。

1. 击发发射机构 2. 弹匣 3. 枪身 4. 附品 5. 脚架 6. 自动机
7. 瞄准镜 8. 活塞 9. 复进机 10. 枪托 11. 上护盖 12. 调节塞

图 5-1-26

（1）枪管。

枪管用以赋予弹头的飞行方向。枪管内是枪膛，枪膛分为弹膛、坡膛和线膛。弹膛用以容纳子弹，线膛能使弹头在前进时旋转运动，以保持飞行的稳定性。线膛有四条右旋膛线（阴膛线），

第五章　警用武器实战技能

两条膛线间的凸起部分叫阳膛线，两条相对阳膛线间的距离是枪的口径。枪口前端是制退器，用以减小枪的后坐及枪口噪音；导气箍用以引导火药气体冲击活塞；瞄准镜座用以固定瞄准镜；凹槽用以固定脚架。

（2）瞄准装置。

瞄准装置由机械瞄准具和白光瞄准镜组成。用于瞄准、测量距离和战场观察。表尺为觇孔式，由表尺座、表尺体、顶头螺杆、表尺滑座、表尺盘、表尺盘顶头及簧、轴等组成。表尺盘上有0~8码，除"0"外分别对应100~800米距离。0码为夜间使用，准星顶端设有荧光剂的小圆孔与表尺"0"码荧光点配合，便于夜间瞄准。准星可用专用工具进行高低、方向调整，准星可拧高或拧低，准星座可左右移动，护圈用以保护准星。

（3）护盖。

护盖分为上护盖和下护盖，以便于操作及保护内部机件。下护盖有扳机护圈和握把。握把内是附品筒巢。

（4）活塞及调节塞。

活塞及调节塞用承受火药气体压力，推压枪机向后。变换调节塞位置可用弹壳底部卡入"T"形槽调节。卡榫对应数字"1"时为小孔位置，对应数字"2"时为大孔位置，卡榫缺口于中间向上时为闭气位置。一般情况用小孔射击；在恶劣的自然条件下枪机后坐能量不够时，可用大孔射击；当需要时可采用闭气射击。

（5）复进机。

复进机由导管、导杆、导管座、复进簧和支撑环组成，用以使枪机回到前方位置。

（6）枪机。

枪机由枪机框和枪体组成，用以送弹、闭锁、击发和退壳，并能使击锤向后成待发状态。

枪机框上有击针，用以撞击子弹底火；圆孔和导榫槽用以容纳机体，并引导机体旋转形成闭锁和开锁；机栓上还有解脱凸榫、机柄和复进巢。枪机上有抓弹钩，用以从膛内抓出弹壳（子弹）；导榫、送弹凸榫、闭锁凸榫和弹底巢。

（7）击发机。

击发机用以与枪机相互作用形成待发和击发。击发控制机，能在枪机闭锁枪膛前防止击发。保险机用以保险，"1"为射击，"0"为保险。击发机上还有击发阻铁、击锤、扳机和拉杆。

（8）机匣。

机匣用以容纳枪机、固定复进机、击发机和弹匣。机匣内有闭锁卡槽，用以保证枪机闭锁枪膛；枪机阻铁，当弹匣内无子弹时，能使枪机停在后方位置；凹槽用以容纳复进机导管座；拨壳凸榫用以拨出弹壳（子弹）。机匣下方还有弹匣结合口，用以结合弹匣。

（9）枪托。

枪托用以操作，枪托上有抛壳口、插销、托底板。

（10）弹匣。

弹匣用以容纳和托送子弹，可装10发子弹。弹匣由弹匣体、托弹板、托弹板簧、固定板、弹匣盖组成。弹匣体上有挂耳，用以将弹匣固定在枪上；检查孔，用以观看子弹是否装满。

（11）脚架。

脚架由脚架柄、脚架体及滑动脚组成，用以支撑枪身。脚架上有套箍，用以固定在枪管上；脚架簧、挂钩、卡榫用以调整火线高。

（12）附品。

用以分解结合、擦拭上油和排除故障。附品包括附品筒、通条杆、通条接杆、冲子、准星扳手、铰刀、油毛刷、通条接头、油壶、枪衣、弹匣袋、枪背带。

3. 结构特点

（1）为了确保该枪的核心指标——射击精度，在机构设计时采取了以下措施。

①采用击发时间短的击锤回转式击发发射机构，击锤回转中心尽量接近枪的质心，并且击锤打击点在枪膛中心线上。

②设计了两道火扳机。扣动扳机，扳机带动拉杆，拉杆拉动扳机杠杆回转，完成一道火行程，继续扣动扳机，扳机杠杆推动阻铁回转，释放击锤完成二道火行程。

③通过调整拉杆长度或击锤簧预压力，可以调整扳机行程和扳机力。

（2）QBU88式5.8毫米狙击步枪最突出的特点是小口径，无托型结构的半自动武器，其自动原理为导气式（活塞短行程），设有大、小气孔和闭气三个位置的气体调节机构。

（3）闭锁方式为枪机回转式三齿闭锁机构（枪机框采用短导轨长导引、机匣为钢锻件）。

（4）击发发射机构为扳机与击发发射机构拉杆组合，采用单发半自动发射方式，击发发射机构采用击锤回转式。它具有机构动作可靠、零件有足够的强度、有利于提高武器的射击精度、火力机动性好，具有多功能、结构简单、勤务性好、可维修性好等优点。

（5）全枪设置有阻铁保险、不闭锁保险、机框复进到位保险三种保险机构，可避免发生"早发火"事故。

（6）为保证狙击步枪使用的隐蔽性，同时要保证首发命中率高，射击精度要好，在膛口装置上，选用开槽的圆柱形消焰器，达到了抑制枪口火药气体的继续燃烧，使流出枪口的气流充分膨胀,大大降低了压力和温度,达到消焰目的;同时也降低了脉冲噪声。

(7) 瞄准装置配有机械瞄具和白光瞄准镜两大类。

①机械瞄具:表尺和准星为翻倒式结构,表尺采用"觇孔"叠合式 0.8 毫米×0.8 毫米矩形的新颖机械瞄具;表尺和准星设有简易的夜瞄装置。

②白光瞄准镜:瞄准镜为变倍望远系统,放大倍率连续可调;采用测瞄兼有、杠杆式分划调整机构;照明采用高亮度发光二极管和高性能锂电池;由燕尾锁紧机构与武器牢固联接。

(8) 击针不是装在枪机体上,而是用击针限位销装配在枪机框上,枪机框必须复进到位,枪机完全闭锁,击针尖才能突出枪机弹底窝平面,才能击发。

(9) 配有可装卸、向前折叠、火线高可调的轻便两脚架。

(10) 外观造型简练、线条明快、富有动感,整体威武而美观。枪托、上护盖、下护托是用超韧增强尼龙 66 材料制造,既不发光又有好的手感。黑色金属件采用黑色磷化新技术,具有膜层薄、晶粒细、结合力强的特点;铝合金两脚架采用硬质阳极氧化处理,使全枪整体有较高的防腐能力。

4. 自动原理

击发后击针撞击底火,点燃发射药,产生火药气体推动弹头向前运动;当弹头超过枪管内膛上方的导气孔时,一部分火药气体进入导气箍的气室,冲击活塞并推动活塞杆向后运动,活塞杆撞击枪机框,使其获得能量而后坐并压缩复进簧,当后坐 21 毫米时,活塞杆受阻并在活塞簧的作用下复位,在枪机框后坐过程中,迫使机体向右回转,实现开锁,并带动枪机一起后坐完成抽壳、抛壳、压倒击锤等动作;后坐到定位后,依靠复进簧储备的能量推动枪机框和枪机进行复进,并完成推弹入膛和迫使机体向左回转实现闭锁枪膛等动作；枪机闭锁后，枪机框继续复进压下到位保险并复进到位，全枪各机构完成了一个由击发到待发的自动循环，再扣扳机便能再次击发。

二、警用非杀伤性武器——97-2式18.4毫米防暴枪介绍（图5-1-27）

图5-1-27

18.4毫米防暴枪有97式、97-1式和97-2式三种型号。97式18.4毫米防暴枪，于1997年设计定型，经由国家靶场严格考核试验，并正式通过公安部鉴定。97-1式18.4毫米防暴枪结构与97式主体结构及功能基本相同，区别在于将前手柄改成圆形护木并增加了折叠式枪托；97-2式18.4毫米防暴枪是在97-1式18.4毫米防暴枪的基础上发展而来的，区别在于供弹方式改为弹匣式供弹，是97式18.4毫米系列防暴枪家族中的最新成员。97-2式18.4毫米防暴枪配用非杀伤性弹种，可用于驱散骚乱、制止暴乱、捕捉罪犯等非致命性或非杀伤性打击的场合；配用杀伤性弹种，进行毁灭性打击，以制服暴力犯罪分子。97-2式18.4毫米防暴枪是一种应用范围广、适应性强的防暴武器。

（一）机械性能特点

1. 一枪多弹、适用范围广

97-2 式 18.4 毫米防暴枪目前配备了 97 式 18.4 毫米动能弹、痛块弹、催泪弹，用以驱散非法聚众闹事的骚乱人群和暴乱分子及制服隐藏在建筑物内的犯罪嫌疑人。同时也配备了 97 式 18.4 毫米杀伤弹用来应对突发事件，压制持枪歹徒的火力，实施有效打击。

2. 首发命中率高

97-2 式 18.4 毫米防暴枪配备的杀伤弹，每发弹中有 22 粒直径为 6 毫米的铅丸，在出枪口后逐渐扩散，形成一个散布面飞向目标，能够快速有效地压制敌方火力，打击一片敌人。

使用防暴枪发射杀伤弹，不需精确瞄准，只需概率瞄准就可以击中目标，不但出枪快而且火力猛，可以迅速使犯罪嫌疑人失去反抗能力。

杀伤弹在近距离（50 米内）的侵彻力较大，能够穿透一定的屏障，在对付隐蔽在灌木丛、草丛中的犯罪嫌疑人时，其面杀伤作用的优点显得更加突出。

3. 威力适中

97-2 式 18.4 毫米杀伤弹在 50 米距离内可以有效地杀伤有生目标，在 50~100 米距离内也有一定的杀伤作用，便于在城市中使用。

97-2 式 18.4 毫米动能弹和痛块弹属于非杀伤性弹药，在 35 米处可以使目标受到打击而不致重伤，起到威慑恐吓的作用，达到驱散的目的。而在 35 米之内，由于弹丸速度较高，仍可使人身负重伤或丧命，在近距离内也可以用来应付突发事件，杀伤有生目标。

97-2式18.4毫米催泪弹属发烟型防暴弹药，不会发生爆炸，使用安全性较高。当弹丸出枪口到达目标区后会立即发烟，每发催泪弹的骚扰面积在22平方米以上。飞行的弹丸可以在50米内贯穿两层3毫米普通玻璃窗后发挥作用。

4. 体积小，携带方便

97-2式18.4毫米防暴枪全长836毫米，行军长度635毫米，重量为3.5千克（带一个空弹匣），可以方便地携行，也可以隐蔽在车内，另外，该枪可以根据需要，使用随枪工具就可以任意更换前后手柄而改变外形。

前护手后折叠式枪托，具有以上两种形式的优点，携带方便，使用可靠，射击精度高。

5. 使用安全性高

特殊的结构设计，使97-2式18.4毫米防暴枪具有可靠的使用安全性。

（1）当闭锁不完全时，即便扣动扳机也不会击发击锤，避免了开膛炸。

（2）当闭锁不完全时，即使击锤击发，击针也不会击发子弹，成为第二道防止开膛炸的保险。

（3）扳机保险，在击发机座后部扳机后设有扳机保险，当扳机保险压向右侧处于保险状态时，扳机受到了扳机保险的限制而不能移动，从而也就不会使阻铁杆推动阻铁解脱击锤。

（4）到位保险前端对游体支杆的支撑防止了击发时提前开锁的可能。

（5）枪管、枪机等受力零件均采用优质钢材加工，并进行了很好的热处理，每支枪管都经过高压弹试验，以考核枪管强度。在装配成枪后，每支枪都经过强装药弹试验，以考核全枪强度，在使用规定的弹药时不会产生炸膛现象。

6. 勤务性好

97-2式18.4毫米防暴枪不需要专用工具即可完成分解与结合。当射弹数量不多时,只需用手旋下枪管固定螺帽,就可以卸下枪管进行清擦处理。在进行不完全分解结合时,只需要一支冲子(或钉子等物)就可以对整枪进行拆卸、装配。另外,在每支枪的包装盒内都备有组合擦具和维修工具包,使维修保养更加方便、快捷。

(二)性能

18.4毫米防暴枪性能参数如表5-1-1所示。

表5-1-1 18.4毫米防暴枪性能参数

主要诸元	97式	97-1式	97-2式
口径	18.4毫米	18.4毫米	18.4毫米
全枪重	2.75千克	3.15千克	3.5千克
弹仓容量	5发	5发	5发
扳机引力	15~30N	15~30N	15~30N
供弹方式	筒式弹仓	筒式弹仓	弹匣
战斗射速	10~15发	10~15发	10~15发
全枪寿命	≥3000发	≥3000发	≥3000发
故障率	≤5‰	≤5‰	≤5‰

(三)枪支结构及工作原理

97-2式18.4毫米防暴枪由七大组件构成,分别是机匣组件、枪管组件、游体组件、枪机组件、击发发射机组件、枪托组件、弹匣组件。

1. 机匣组件（图 5-1-28）

机匣组件由机匣、弹匣座、表尺、筒式弹仓组成。由于 97-2 式防暴枪采用弹匣供弹，在机匣下方增设了弹匣座，其筒状弹仓的长度也随枪管缩短。机匣是全枪的基础零件，可将全枪的主要零部件连接成整体；机匣后上方装有表尺，与准星组成瞄准机构，尾端连接折叠枪托，下方为弹匣座；机匣内设有退壳挺，当弹壳被抽壳钩拉向后方碰及退壳挺时便被抛出枪外。

表尺板顶端设有方形缺口式照门。由于 97-2 式防暴枪可发射杀伤弹、橡皮霰弹、橡皮弹、布袋弹和催泪弹等不同弹种，不同弹种的装药量不同，弹头的飞行轨迹特性也不同，故发射不同的弹种时需装定不同的表尺射程。为了实现这个目的，表尺板右侧设有 3 个 V 形卡槽，分别标有数字 1、2、3，移动游标并将其固定在不同卡槽上，根据目标距离可实现对目标的有效打击。

2. 枪管组件（图 5-1-29）

枪管组件由枪管、枪管固定座、准星、防热罩组成。枪管是全枪的关键零件之一，在击发时承受火药的燃气压力并赋予弹丸初速和射向；枪管前端下方有枪管固定座，套在筒式弹仓前端，通过枪管固定螺帽固定在机匣上；枪管前端上方装有准星，与照门组件组成瞄准机构；枪管上方装有防热罩，防止射弹过多时枪管烫手。

图 5-1-28

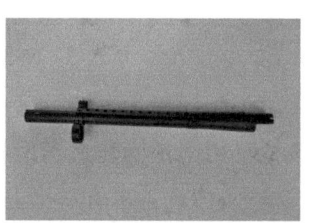

图 5-1-29

3. 游体组件（图 5-1-30）

由游体管、游体左右支杆、护木、定位帽件组成。其主要作用是带动枪机完成开闭锁、供弹等动作。

4. 枪机组件（图 5-1-31）

枪机组件由枪机、抽壳钩、击针、闭锁卡铁等组成。枪机在护手的带动下前后移动，实现推弹入膛、抛壳、开闭锁等动作。

该枪的闭锁卡铁兼有击针保险功能。闭锁卡铁尾端设有限位槽，当闭锁卡铁未完全进入枪管上的闭锁凹槽时，闭锁卡铁的限位槽便卡住击针，即使击锤回转打击击针，也无法使击针移动，可确保枪弹不被击发，从而形成保险状态。只有闭锁卡铁完全进入枪管闭锁凹槽内时，即枪机确实闭锁后，闭锁卡铁的限位槽才不再限制击针的移动，击针才能击发枪弹。这种保险构成了该枪的三重保险，进一步确保了枪支不会出现意外走火事故。

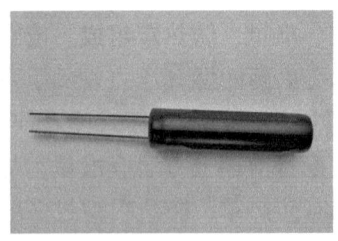

图 5-1-30

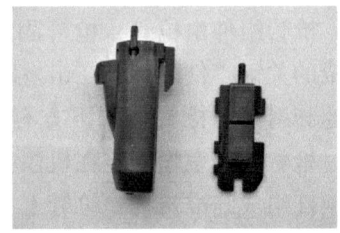

图 5-1-31

5. 击发机组件（图 5-1-32）

主要包括扳机、击锤、阻铁、到位保险、扳机保险等部件。

该枪采用击锤回转式击发机构。为了确保枪机确实闭锁后才能击发枪弹，97-2 式防暴枪上设有到位保险，只有当枪机前移到位并闭锁后，到位保险后端才能落下，使阻铁与扳机推杆扣合在一起，此时扣动扳机，扳机推杆才能使阻铁回转而解脱对击锤控制,击锤才能在簧力作用下向前回转打击击针。如果枪机未完成闭锁,到位保险后端无法下落,阻铁与阻铁推杆则无法扣合在一起,即使扣动扳机,也不能使阻铁回转,进而无法解脱对击锤的控制,从而形成保险状态。

为了防止误操作而发生走火,该枪枪机处还设有扳机保险,位于扳机护圈后端。扳机保险为横闩式,从右向左推时,左侧出现一个颜色明亮的红圈,提示射手为可射击状态;从左向右推时,为保险状态,此时扳机无法扣动。

6. 枪托组件(图5-1-33)

图 5-1-32　　　　　　　图 5-1-33

枪托组件包括枪托及握把等部件。枪托采用骨架式结构,外部为工程塑料,内部有金属加强筋,可向右侧折叠;枪托尾部装有橡胶缓冲垫,抵肩射击时,可有效缓冲枪支对肩部的冲击。97-2式防暴枪重新设计了握把,握把内部主体采用工程塑料制成,外部包裹橡胶材料,表面加工有防滑纹,使握持更舒适,而且还具有一定的缓冲效果。

7. 弹匣组件(图5-1-34、图5-1-35)

弹匣用以容纳和托送子弹,可装5发子弹。弹匣由弹匣体、托弹板、托弹簧、弹匣盖等组成。

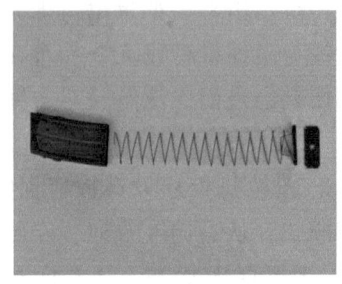
图 5-1-34

图 5-1-35

第二节　枪支安全操控

一、安全操控原则

安全并且规范地使用枪支是保证警察执法正常进行，减少不必要伤亡和走火事件等事故发生的保障，枪支安全使用，并不依赖机械保险装置，而是人为的安全操作，因此，任何人都要严格执行枪支使用安全规则。

（1）将所有枪支视为子弹上膛。

（2）除非得到射击命令或决定射击，否则不能将枪口指向任何人或物。

（3）除非得到射击命令或决定射击，否则应将击发扳机的手指放于扳机护圈外。

（4）除非得到射击命令或势态需要，否则不能拔枪、上膛、据枪。

（5）除非能够确定目标，否则不可开枪。

（6）领取、交还、交接枪支时，必须验枪，验枪时必须检查枪膛,确定枪膛内无子弹。

二、验枪

(一) 自动手枪验枪

右手拇指按下弹匣卡榫,左手取出弹匣交给右手,置于小指与无名指之间或握于握把的左侧;扳击锤向后成待发状态;左手拇指和食指捏握套筒后部快速拉动套筒一次,检查套筒复位力度,然后再次拉动套筒停在尾部,检查弹膛;将枪口指向安全方向扣动扳机,检查扳机力度以及击锤复位力度;枪和弹匣结合,关闭保险,将枪装入枪套或妥善保管(图5-2-1、图5-2-2、图5-2-3、图5-2-4)。

图 5-2-1

图 5-2-2

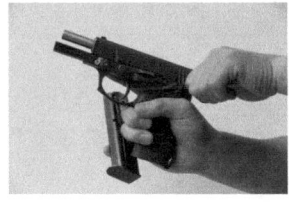

图 5-2-3

图 5-2-4

(二) 转轮手枪验枪

右手打开枪套扣,取出手枪置于体前,右手拇指打开保险,向前推压推柄，用左手中指与拇指按住转轮不动，右手握枪柄向右转动，露出转轮，使枪身平躺，枪口朝下左手握转轮，查看弹膛内有无子弹；验过后，左手中指与拇指按住转轮不动，右手握枪柄向左转动，将转轮合膛，关闭保险（图5-2-5、图5-2-6）。

图5-2-5　　　　　　　　图5-2-6

（三）长枪验枪

在立姿胸前携枪的基础上，左手握上护手，右手握握把，扣扳机的食指置于扳机护圈外，双手合力端枪，枪托抵于肩窝，枪面略平指向正前方；验枪时，使枪面向左倾斜45度，右手食指扳下保险；拇指按压弹匣卡榫，将弹匣取出交于左手枪的右侧，拉枪机向后，同时眼睛通过抛壳口处检查枪膛内是否安全；确认安全后，松开枪机，击发；装上弹匣并关上保险后，使枪面向右恢复端枪姿势（图5-2-7）。

图5-2-7

三、枪支交接

（一）手枪交接

（1）当面验枪。交接双方在交接时都要做到当面验枪，确保枪支安全并进行性能检验。

（2）枪弹分离。交接时要做到枪弹分离，既可检查枪弹状况，又防止意外出现。

（3）同侧交接。交枪者左手握住套筒前端上方，左手指自然挡住扳机护圈，将握把递至接枪者右侧，左手持弹匣，弹匣底向外递至接枪者左侧（图5-2-8）。

图 5-2-8

（二）长枪交接

（1）当面验枪。交接双方在交接时都要做到当面验枪，确保枪支安全并进行性能检验。

（2）对面交接。交枪者左手握下护盖，右手握枪托，枪口向上，提把指向对方，接枪者左手接下护盖，右手接枪托，完成交接（图5-2-9）。

图 5-2-9

四、枪支防抢夺

警用装备是每一名警察的第二生命，枪支尤其重要，我们在执行任务过程中可能会遇到嫌疑人抢夺配枪，如何安全有效地防止枪支被抢，并能够及时控制犯罪嫌疑人至关重要，以下将介绍两种情况下的枪支防护。

（一）持枪防护

当警察遇到犯罪嫌疑人抢夺枪支时，首先要稳住身体重心，同时双手回拉靠近身体，用左手按压对方的手腕及小臂，同时将持枪的右手抽回，与左手的按压形成合力，将对方的抓握手挣开。如果对方用双手由下而上抓握警察的手枪，警察同样要做到先稳住身体，然后利用双手的合力解脱（图5-2-10）。

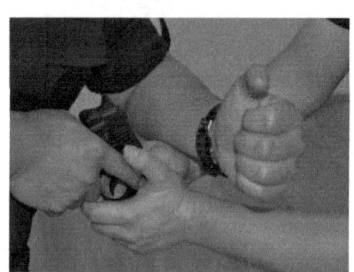

图 5-2-10

（二）佩枪防护

警察遇到嫌疑人抢夺佩枪时，首先用双手抓住对方的双手并用力下压按住自己的手枪，同时身体重心下降，稳住身体平衡，然后撤步并向左转身，摆脱对方，最后用武器控制对方（图5-2-11）。

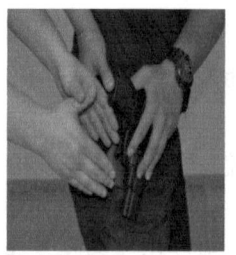

图 5-2-11

第三节　简易射击学原理

瞄准和击发是枪支射击中的基础技能，瞄准要以枪支弹道和枪支晃动为前提，而击发则受到手指发力大小和角度的影响。这两项技能都必须在掌握相关理论的基础上通过长期的操作练习才能得到提升。

一、瞄准

为使弹丸能命中预定的目标，而赋予枪膛轴线在水平面上和垂直面上的一定位置的操作叫瞄准。由于地心引力和空气阻力的作用，如果用枪管轴线向目标射击，射弹就会打低打近。为了命中目标，必须将枪口抬高，使枪膛轴线与瞄准线之间形成一定的角度，即瞄准角。瞄准时根据弹道形状和射击距离的远近决定瞄准角的大小。

（一）瞄准要素

（1）瞄准基线：缺口的上沿到准星尖的直线。

（2）瞄准线：视线通过缺口上沿中央和准星尖的延长线。

（3）瞄准点：瞄准线所指向的一点。

（4）瞄准角：射线与瞄准线的夹角。

（5）瞄准线上的弹道高：弹道上任何一点到瞄准线的垂直距离。

（6）落点：弹道降弧与瞄准线的交点。

（7）弹着点：弹道与目标表面或地面的交点。

（8）实际射击距离：起点到落点的距离。

(二) 正确的瞄准

右眼通过视觉缺口准星，使准星尖位于缺口中央并与上沿平齐，指向瞄准点，就是正确瞄准（图5-3-1）。

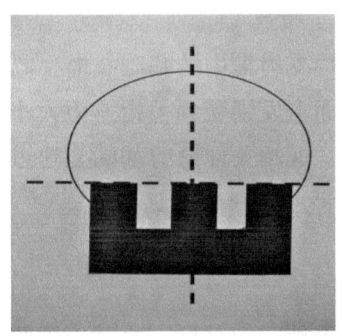

图 5-3-1

1. 正确的瞄准景况

瞄准时，应集中主要精力于缺口准星的平整关系上，此时，缺口与准星的平正关系看得清楚而目标看得较模糊，这就是正确的瞄准景况。

如果集中精力于准星和目标的关系，就容易忽视缺口和准星的平正关系。而准星尖不能平正于缺口中央上沿，这就改变了原来的瞄准角，使射弹发生偏差。由于手枪的瞄准基线短，所以，若准星与缺口的关系不正确，对命中影响甚大。如准星尖在缺口内偏差1毫米，在25米距离上弹着点的偏差量：五四式手枪为16厘米，六四式手枪为21.4厘米，距离加倍，偏差量加倍。

2. 瞄准区

通常情况下手枪握枪是采用单点支撑，重力臂长，加之肌肉运动生理机制方面的原因，使据枪的稳定性较差，表现为正确据枪状态下枪身（瞄准线）总是在有规律地晃动。射击时，不可能将瞄准线固定在预定瞄准上击发，所以通常使用瞄准区这个概念。根据射击目的，以瞄准点为中心而规定的一定的范围，叫瞄准区。当瞄准线晃动至瞄准区内时枪响，就能实现准确射击。

（三）影响正确瞄准的因素

影响正确瞄准的因素较多，归结起来，主要有心理、动作、外界三大类。

1. 射手心理因素的影响

心理因素的影响主要是指射手处于紧张、恐惧、激动、愤怒心境时，使生理机制产生一系列变化、心跳、血流加速、知觉度下降、肌肉颤抖，致使枪身无规律抖动，无法实施正常瞄准。应通过平时的心理训练和临场的心理调整予以解决。

2. 动作因素影响

动作因素的影响主要是指由于技术动作不正确，致使枪手无法完成正确瞄准，但在这种情况下，射手本身往往认为自己做到了正确瞄准。

3. 外界条件因素的影响

外界条件是指气温、风速、光线等。手枪是近距离射击武器，外界变化对弹道影响不大，主要是对瞄准的影响。

二、击发

在合理据枪、正确瞄准的基础上，均匀、正直预压、自然适时压响的动作叫击发。

（一）正确的击发动作

击发时用右手食指第一指关节指腹部分单独地、均匀地、正直向后地扣压扳机，其余四指力量不变。当瞄准线接近瞄准区时，开始预压扳机，扣落第一道火，并减缓呼吸；当瞄准线进入瞄准区内的同时，食指应对第二道火施加压力，逐渐减缓呼吸，一边修正平正关系保持正确一致的瞄准，一边继续对扳机增加压力，即"边瞄边扣"；虽然此时平正准星在瞄准区内时有晃动，但仍要继续均匀、正直、逐渐地对扳机增加压力，即"边晃边扣"直至击发；如果发现平正准星偏离瞄准区较远或屏止呼吸不自然时，食指应暂时停止对扳机的用力，但不松开扳机，经过调整后平正准星能进入瞄准区或呼吸自然了，再继续扣扳机，直到自然击发为止；若射手已无法坚持或对扣扳机信心不足时，则可以松开扳机，收回据枪手臂，重新开始，不应该勉强击发，更不能猛扣扳机。

（二）常见的击发错误动作

1. 击发时机掌握不好

掌握好击发时机有利于提高射击精度，击发时机应在据枪晃动较小的时候，即瞄准线在瞄准区内轻微晃动时击发。有些民警往往希望将平正准星停在最小的瞄准区内，这就必然会延长瞄准的时间，错过相对稳定阶段，造成枪的更大晃动，贻误击发时机。纠正时，要求民警右手食指要预先压到扳机上，并达到一定程度，在枪支稳定的初期大胆地做击发动作。

2. 过于追求响枪时间而猛扣

有些民警的注意焦点不在平正准星缺口上，而是在"怎么还不响枪"上，为了追求"马上响"就会突然用力、猛用力。纠正时民警要将注意的焦点放在平正关系上，做到无论何时扣响都让准星缺口平平正正。

第五章 警用武器实战技能

3. 抢点猛扣

民警不要苛求瞄准点,当瞄准线进入瞄准区后就要大胆地扣压扳机,做到"边瞄边扣",当瞄准线在瞄准区附近轻微晃动时要继续扣压扳机,做到"边晃边扣",扣扳机时不突然用力,其余四指和手腕不能有任何附加力量。

第四节 手枪基础射击

一、握持方法

(一)单手握持

(1)强手虎口正对握把凹缘处,并贴近贴满(不留空隙),目的是有效控制在射击过程中的枪支跳动(图5-4-1、图5-4-2)。

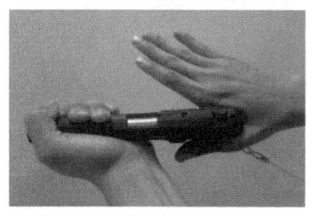 

图 5-4-1　　　　　　图 5-4-2

(2)枪身纵轴应与右小臂在同一轴线上,正确的握枪要领是将手枪作为手臂和手腕的延伸,代替了食指的指向功能(图5-4-3)。

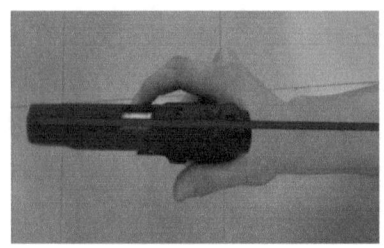

图 5-4-3

（3）拇指自然前伸，轻贴于枪身，食指自然弯曲并放松，置于扳机护圈外，其余三指自然卷握枪握把（图 5-4-4）。

图 5-4-4

（二）双手握持

（1）双手握持能够有效控制枪支跳动，左手辅助握枪，将左手大鱼际肌贴于握把左侧，左手拇指自然放松伸直置于右手拇指前方，指向射击方向，并轻贴枪身左侧，其余四指水平卷握抱住右手握把位置的三个手指；右手向前推同时左手向后拉，力量以能够引起枪支抖动为临界点且大小相等、方向相反，将枪支固定在两手之间（图 5-4-5、图 5-4-6）。

图 5-4-5　　　　　　　　图 5-4-6

（2）正确的握持是进行精度射击和快速连续射击的基础，握持应该做到自然、稳定、机动，保证扣扳机用手指能够灵活控制扳机。

二、射击姿势

（一）立姿

1. 单手侧身式（图 5-4-7）

单臂侧身射击的优点，一是瞄准基线长，易于精确射击；二是暴露面最小、容易隐蔽；三是射手在另一手臂受伤时采用。不足之处在于单臂悬臂据枪稳定性较差、不易连续快速射击。

动作要领：射手侧对射击方向，两脚自然开立与肩同宽或略宽于肩，重心落在两脚上或在两脚连线的后 1/3 处，上体稍后仰但不宜过大，肩部放松，头侧转，右臂自然伸直，右手握枪，手腕挺住，概略指向目标。左手自然下垂或插入口袋内，或扶在腰带上，或挂在枪背带处都可以。

2. 韦法式（图 5-4-8）

韦法式射击姿势是由美国洛杉矶警官杰克·韦法（Jack Weaver）于 20 世纪 50 年代设计，其身体各部分的姿势与步枪立射姿势极为相似。其优点一是减小了射手身体的暴露面；二是便于射手重心移动和姿势转换；三是提高了手枪射击的稳定性和精确性。

动作要领：左脚向前迈出半步，脚尖朝着目标方向或稍向右偏；右脚尖方向与目标成 90 度；双膝微曲，身体挺直；持枪的右手向前完全伸直，锁定肘关节；左手臂里合并向下弯曲；头部靠右侧倾斜，令右眼与瞄准线重叠；据枪高度略低于眼睛水平线；瞄准线与右手臂成一直线。

图 5-4-7

图 5-4-8

3. 对等三角式（图 5-4-9）

对等三角的双臂据枪令身体各部分姿势较韦法式来得自然，有研究指出，一般警务人员即使在训练时一旦遇上危急情况，在极大精神压力下，也会自然做出对等三角的双臂据枪动作，原因是这个着重身体左右平衡的姿势较接近人类遇险时的本能反应。但它也有身体暴露面大、重心移动不便等缺点。

动作要领：身体朝向射击目标，略为向前倾，以抵消发射子弹时的后坐力；双膝微曲；锁定手肘关节，双手与身体成一个对等三角形；双脚分开与肩同宽或略宽于肩。

图 5-4-9

（二）跪姿

1. 单腿低姿（图 5-4-10）

面对目标，左脚向前迈出一步，身体下蹲，左腿弯曲，右膝外摆跪地，两大腿间成 90 度，臀部坐于右脚跟上，大部分重心落于右脚掌；上体正直或稍向前倾，正面双手据枪对准目标；侧面据枪时，左肘可放在左膝盖上有支撑射击。

图 5-4-10

2. 单腿高姿（图 5-4-11）

图 5-4-11

面对目标，左脚向前迈出一步，身体下蹲，左腿弯曲，右膝外摆跪地，大部分重心落于右膝；右大腿与上体保持正直，正（侧）面双手据枪对准目标。

3. 双腿低姿（图 5-4-12）

图 5-4-12

面对目标，双腿弯曲跪地，两腿间的夹角成 60 度，臀部坐于两脚跟上，大部分重心落于两脚掌；上体正直，双手据枪对准目标。

4. 双腿高姿（图 5-4-13）

图 5-4-13

面对目标，双腿弯曲跪地，两腿间的夹角成 60 度，重心落于两膝上并与上体保持正直，双手据枪对准目标。

（三）坐姿（图 5-4-14）

图 5-4-14

面对目标，右手持枪，两腿交叉弯曲，迅速盘腿坐于地上（或两腿伸直、弯曲），上体保持正直；双臂伸直据枪对准目标；利用左腿（膝盖向上）弯曲、右腿盘腿坐姿时，左肘可放在左膝盖上有支撑射击。

（四）卧姿（图 5-4-15）

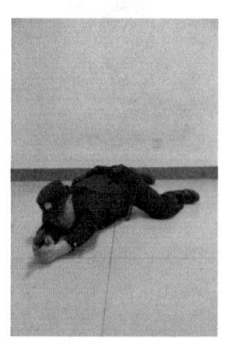

图 5-4-15

面对目标,右手握枪;左脚向卧倒方向迈出一大步,迅速卧倒,两腿伸直,两脚分开约与肩同宽,两脚内侧触地;或将左腿屈起左脚背置于右膝窝,膝盖内侧触地支撑身体,重心在身体右侧与地面留有一定空隙,双手据枪指向目标。

(五)仰姿(图5-4-16)

图 5-4-16

面对目标,迅速屈腿下蹲,以臀部、背部次序触地,收下颚,勾头倒地;上体略抬起,两腿分开,伸直或弯曲,双手据枪对准目标。

第五节 手枪初级实用射击

一、快掏枪射击技术

快掏枪射击技术动作主要包括迅速打开枪套扣,快速从枪套内拔出手枪,打开保险或拉套筒将子弹上膛,快速伸臂据枪、瞄准、扣压扳机,必要时可实施射击。

（一）快速打开枪套扣的方法

枪套是人民警察常用的警用装备之一，分为普通枪套和快枪套两种。由于枪的型号不同、需求不同，枪套的形状、结构也不尽相同。因为枪套的形状、搭扣和结构不同，枪套的佩带位置也不同，所以，打开枪套扣和快速掏枪的技术动作也不同。但无论哪一种打扣掏枪法，其目的都是为了突出一个"快"字。下面介绍几种常用的以右腹前佩带为例的打扣方法。

1. 拇指后拨法（图 5-5-1）

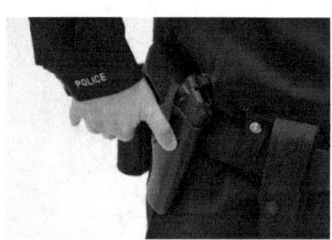

图 5-5-1

当急需快速打开枪套扣时，右手迅速伸向枪套，用右手拇指外侧贴靠在搭扣上，然后，由前向后快速向后上方拨开枪套扣，并用拇指将搭扣带拨向后上方。

2. 拇指和食指捏绊法（图 5-5-2）

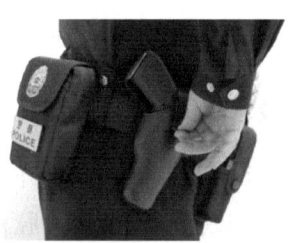

图 5-5-2

当急需快速打开枪套扣时,右手迅速伸向枪套,用右手拇指、食指捏住枪套的扣绊,两手指协调用力向上打开枪套扣绊,同时用拇指向上挑开搭扣带。

(二) 掏枪方法

掏枪动作是打开枪套扣后,从枪套中迅速、准确地拔出手枪的动作。掏枪方法可分为单手快掏枪和双手快掏枪两种。

1. 单手快掏枪动作(图 5-5-3)

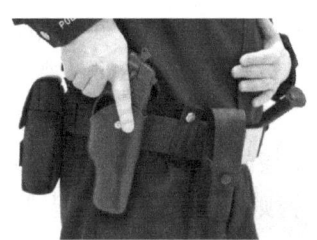

图 5-5-3

当打开枪套扣后,射手应以右手的拇指迅速插入枪套内或用右手的拇指夹住枪的一侧,然后用中指、无名指、小指迅速抠握住枪的握把,虎口对准枪的握把后方的弯曲部位,以最快的速度从枪套内掏出手枪。

2. 双手快掏枪动作(图 5-5-4)

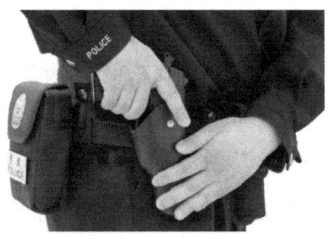

图 5-5-4

在紧急情况下，当需要快速打开枪套扣时，左手迅速帮助按住枪套下部，同时右手迅速打开枪套扣，然后，右手以食指、中指、无名指握住枪的握把，并迅速掏出手枪，拇指顺势贴握在枪的左侧。

(三) 快速出枪法

快出枪是指在突发事件中，为了尽快命中目标，以最快的速度取捷径将枪据出，并指向目标的动作。

快出枪动作是从手枪已握持在手开始的，以右手持枪为例，当右手从枪套内掏出手枪后，经脸前迅速直接指向目标，左手迅速与右手密切配合，快速拉套筒使子弹上膛；持枪手臂取捷径，经胸前迅速将枪直接指向目标。出枪的速度应由快到慢，不能一次性过伸肘关节，否则动作过猛，容易造成肌肉震颤，据枪不稳，反而延误了据枪时间，欲速则不达。在枪口指向目标的同时，持握枪的手臂还未伸直的情况下，即可开始预压扳机，要做到边伸臂出枪，边扣压扳机，边用眼睛的余光构成平正准星，使准星尖概略指向目标，完成快出枪动作。

二、手枪速射

速射是指在短时间内迅速完成据枪、瞄准、击发动作，并能有效地命中目标。因此，在应用射击的教学和训练中，练好速射技术对快掏枪射击、夜间射击、对隐显目标射击、对运动目标射击、对利用车船的射击和对利用地形地物的射击等都是有利的。练好速射技术，熟练地掌握和使用手中武器进行自卫和制止暴力犯罪的技能，发挥手中武器应有的作用，适应各种条件下快速、准确的射击，才能更好地适应公安工作的需要。

第五章 警用武器实战技能

（一）手枪速射瞄准

动作要领：手枪速射的瞄准动作要领与手枪基本射击瞄准动作基本相同。完成据枪动作后，眼睛注视目标，右臂取捷径迅速向目标方向将枪伸出的同时，右眼通视准星与缺口，迅速构成准星与缺口的平正关系，使平正准星指向瞄准区，并做到边瞄边扣，边晃边扣，直至击发。当打完一发子弹后，眼睛继续盯住枪的平正关系，快速恢复瞄准，完成下面的击发动作。

（二）手枪速射击发

手枪速射的第一发击发动作要领与手枪基本射击（慢射）的击发动作要领基本相同。速射击发时，食指扣扳机的速度要比基本射击快，当平正准星接近瞄准区时，食指第一节根应扣落扳机的第一道火，当平正准星构成后指向目标时，开始扣压扳机第二道火，并做到边瞄边扣，边晃边扣，直到自然击发。打完一发后，扣扳机的食指迅速松开扳机，并回压第一道火，快速恢复瞄准的同时，达到下一发的自然击发。

三、持枪移动

警察在持枪运动中，由于运动过程中身体始终处于不停起伏变化的状态，在剧烈运动过程中还会造成呼吸急促、肌肉紧张抖动等情况，这都会影响到据枪动作的稳定性及瞄准击发动作的准确性，因此采用何种持枪移动方式至关重要，以下介绍两种基本的持枪移动方式，可有效地降低身体起伏等影响。

（一）侧身移动

双手持枪，成侧身位警戒式站立；移动时，上体前倾，两腿弯曲，以大步、快步前进；在移动中，身体重心保持平稳，脚跟落地过渡全脚方式落步，重心起伏小，头部摆动急。该动作用于接近目标或搜索行动时身体的移动。

(二) 正身移动

双手持枪，两脚平行站立，身体正向前方；移动时，上体前倾，两腿弯曲，双脚轮流由脚跟到脚掌的顺序滚动前进，重心尽量保持在同一平面上。

四、掩护物利用

使用掩护物是有效地保护自身安全的重要措施，遇到可能发生枪战的情况，首要的事项是找掩护物，利用掩护物能保护自己免于中弹，并为自己争取到观察现场情况，分析制定处置方案的时间。

(一) 掩护物的选择

掩护物是能挡子弹的物体，至少也能改变子弹的方向或使子弹减速，如建筑物的墙角、树木、消防栓等。要将掩护物同遮蔽物区别开来，遮蔽物只能用来隐蔽，防止被对方看见，例如，灌木丛、垃圾桶、汽车车门等，遮蔽物是不能抵挡子弹的。对掩护物的选择，要考虑以下几个方面。

(1) 掩护物的面积。掩护物的大小应能掩护警察的全身及允许警察保持射击姿势。

(2) 掩护物的形状。掩护物的形状应以不规则形状为最佳，可以减少对方发现的机会，同时在枪战中增加对方瞄准的难度。

(3) 掩护物的厚度和密度。理论上，掩护物越厚、密度越高就越好，但也要视对方使用的枪支情况而定，不能一概而论，例如，普通砖墙可以抵挡手枪的伤害，但不能抵挡自动步枪的伤害。

(4) 掩护物的位置。能够以最短时间到达掩护物是十分重要的，如果掩护物距离太远，跑向掩护物时会令警察暴露太久而致被击中的风险增加。

(二) 掩护物的使用

1. 使用掩护物要同射击姿势相吻合

警察利用掩护物时，使用的射击姿势要大体符合掩护物的形状，例如，掩护物是矮墙，那么采用蹲姿，掩护物才能将身体遮挡住，起到保护作用。要避免采用卧姿及坐姿进行射击，这样容易被跳弹所伤，这样的姿势也不利于快速移动。

2. 两人共用掩护物

在实战中，有时会两人共用一个掩护物，这时在对掩护物选择时应考虑它的面积和形状，以及掩护物是否能够为两位或更多的警察提供保护。

理想的掩护物应以两名警察可同时各占左右一侧为原则。倘若两名警察必须共同使用掩护物的同一侧边，他们应该注意各自的姿势，贴近掩护物的警察必须采取跪姿，这样身后的警察就有较多的空间，而后面的警察必须采取站立姿势，而且要略微俯身向前以配合前面采用跪姿的警察，站立的警察不应站在跪姿警察身旁以致阻碍其活动甚至意外地将其推离掩护物。在保证警察安全的前提下，二者之间的协调尤其重要，可用简单而直接的身体接触进行协调，如站立的警察可略屈膝顶着跪姿警察的背部，以提醒对方他们仍共享掩护物的同一侧（图 5-5-5）；如需拔枪或开枪，站立的警察要小心，避免枪口指向跪姿警察，站立的警察须将枪伸出并越过跪姿警察的头顶，这样做也是确保跪姿警察如需突然站起时不被站立警察意外射中。

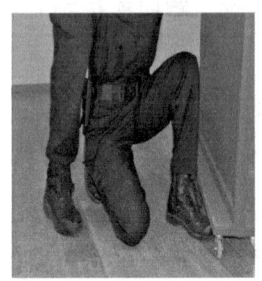

图 5-5-5

警察抵达时，如掩护物已被其他警察占用，他只需用非持枪手轻轻拍击前面警察的肩膀以通知对方他已到达，然后两人采取跪姿及立姿共用掩体。

（三）利用掩护物射击

从掩护物后面射击，首先应选择对警察构成最大威胁的目标射击。射击时应尽可能在掩护物的侧面而不是其顶部瞄准开枪，在掩护物侧面开枪可减少身体暴露给对方的面积；不要让枪接触到掩护物的任何部分，如需掩护物做支撑，可以用弱手或前臂靠着掩护物的表面（图 5-5-6、图 5-5-7）。

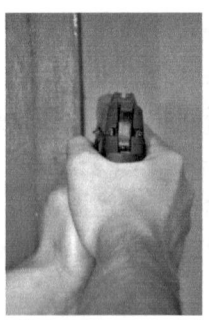 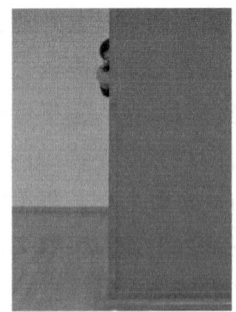

图 5-5-6　　　　图 5-5-7

第六章 盘查战术

第一节 盘查行动的原则

一、明确分工的原则

明确分工的原则,是指在巡逻盘查行动中,主盘查、现场指挥员、负责监控的民警必须分工明确。现场指挥员(小组长、车长)除担任现场指挥以外,还应负责与上级取得联系,协助主盘查进行盘问和检查;主盘查主要负责盘问和检查;担任监控任务的民警负责疏散围观群众,控制可疑人,观察可疑情况,但不直接参与对可疑人的盘问、检查、搜查等工作。坚决贯彻执行明确分工的原则,可以使民警在执行任务过程中各负其责,各司其职,保证巡逻盘查工作有条不紊地进行。

二、监视控制的原则

监视控制的原则,就是在巡逻盘查中发现可疑情况时,在战术部署上,必须有一人担任监控任务。担任监控任务的民警应配备警械武器,并处于戒备待发状态,发现异常,立即警示执行民警,并迅速采取果断措施,必要时应依法使用武器。坚持监视控制原则,可以避免民警伤亡事故的发生,有效地制服犯罪分子。

三、人物分离的原则

人物分离的原则,是指执行巡逻盘查任务时,盘查民警命令携带物品的可疑人员将人、物分开,再分别对人身和物品进行检查;对驾驶机动车和非机动车的可疑人员,应令其下车,做到人车分离后再进行检查。坚持人物分离的原则,可有效避免可疑人利用其携带物品中隐藏的凶器、武器、爆炸物、毒物等对民警进行突然攻击所造成的伤亡。

四、分别盘查的原则

分别盘查的原则,是指在执行盘查任务时,如遇有多个可疑人,应逐个进行盘问检查。盘查时先查人,后查物,再查车。坚持分别盘查的原则,可以保证优势警力,防止可疑人对民警进行突然袭击,避免民警伤害事故的发生。

第二节 盘查行动的战术动作

一、接近可疑人时的站位与分工

(一) 徒步接近可疑人时的站位与分工

1. 三对一站位法

三名民警盘查一名可疑人时,应与可疑人形成1.5~2米的后三角形站位,侧身站立,强脚在后,处于临战状态。左前方为主盘查民警,现场指挥员在中间靠后,右侧为监控民警(图6-2-1)。在二对一时,左侧民警为主盘查,右侧担任警戒、指挥、监控（图 6-2-2）。

图 6-2-1

图 6-2-2

2. 三对多站位法

三名民警盘查多个可疑人时，应站在可疑人一侧 2~3 米处，左侧民警负责盘查，现场指挥员在中间稍靠后，右侧民警负责监控，按照从左至右的顺序逐个对可疑人进行监控。

（二）驾驶机动车接近可疑人时的站位与分工

110 警务车在巡逻中发现可疑时，应将警务巡逻车停在可疑人的左前方 4~5 米处。

驾车民警不下车，负责联络、监控和警戒；副驾驶位置的民警担任现场指挥，兼副盘查，其他民警分别担任主盘查和监控任务。

二、检查

经盘问发现可疑后，应对可疑人员进行检查。检查一般分为人身检查、物品检查和车辆检查。检查时，先进行人身检查，后进行物品和车辆检查。

（一）人身检查

对违法犯罪可疑人进行人身检查，一般是在被检查人站立的情况下进行的。必要时,也可根据需要令其跪地或卧地进行检查。

人身检查的方法是:先上后下,先左后右,先外后内。检查的重点是:衣领、腋下、前胸、后胸、腰部、四肢。采用的方法是:拍、挤、捏、压。采取的分工是:主盘查民警负责进行检查,现场指挥员在可疑人一侧协助检查,另一民警在后方2~3米处担任监控警戒。

1. 站立式无依托检查方法

主盘查民警首先控制住盘查对象,现场指挥员协助检查,第三人负责监控警戒。主盘查民警命令可疑人转过身去,背对民警,举起双手,双腿尽量分开,脚跟高抬;主盘查民警从其左侧将一腿靠于盘查对象的一腿前,准备随时应对突发状况;两手在其身体左侧,由后脖领经腋下向下检查;查完一侧再用同一方法查另一侧;上身查完后,再查下身。检查左侧时,现场指挥员在可疑人的右侧,控制嫌疑人,第三人在后方2~3米处监控警戒(图6-2-3)。

图6-2-3

第六章　盘查战术

2. 站立式贴墙检查方法

当盘查对象处于较狭窄的街巷、场所或居室等环境下,可采取站立式贴墙检查方法进行检查。主盘查民警在其左侧,命令其面对墙壁站立,双脚尽量叉开并向后,脚跟抬起,身体紧贴墙上,眼看上方,双臂平伸展开,手心朝外翻;现场指挥员在可疑人右侧控制住可疑人,协助检查;第三人在后方2~3米处负责监控警戒;主盘查民警检查时,用右脚勾住可疑人左脚,使其处于稍有外力便失去平衡的状态,然后用两手检查其身体;检查时,先检查身体左侧,然后用同样方法检查身体右侧(图6-2-4)。

图 6-2-4

3. 趴车站立式检查方法

主盘查民警持枪命令盘查对象面向汽车,举起双手,叉开双腿,抬起脚跟,然后再令其身体前倾,双手支撑于车顶上;主盘查民警从其左后方接近盘查对象,在距其1米左右处,有意停顿一下,观其反应;眼睛要始终盯住对方的双手,随时准备应对意外;继续控制检查对象,将右脚勾住其左脚,如嫌疑人一有反抗,即可后绊,使其重心失去平衡趴在车顶上;然后,用双手由后脖领经腋下检查其身体一侧,查完一侧后,再用同样的方法查另一侧(图6-2-5)。

图 6-2-5

4. 跪地式检查方法

主盘查民警控制盘查对象,命令其举起双手,向后转身,将小腿交叉跪地,双手十指交叉握紧,置于脑后;主盘查民警用力抓住盘查对象的手指向左扳动,暴露出其身体右侧,用右手挤压、触摸其右侧;查完右侧,换步换手,用同样的方法查其左侧。

5. 卧地式检查方法

主盘查民警控制嫌疑人,命令其趴卧在地上,双臂手心朝上分开,双脚叉开,头朝右侧;主盘查民警从可疑人身体左后侧上前,从后脖领经腋下向下搜身。

(二)物品检查

违法犯罪嫌疑人多利用箱包来隐藏各种赃物或凶器等,因此,物品检查主要是对箱包的检查。

1. 人与箱包分离,控制盘查对象的物品

对嫌疑人的物品进行检查,主盘查民警命令盘查对象将箱包放在指定位置,令其离开一段距离,由主盘查民警负责当面检查;现场指挥员此时负责控制住被检查人;监控民警主要负责监控警戒。严禁让嫌疑人自己打开携带物品(图6-2-6)。

第六章 盘查战术

图 6-2-6

2. 检查物品的步骤

查验物品应按一看、二听、三闻、四摸、五拆的顺序进行。
（1）看，就是看物品的形状、结构、包装、质地。
（2）听，就是听物品是否有声响，是什么声响。
（3）闻，就是闻一下物品的气味，有无异味。
（4）摸，就是摸一下物品的形状、材料质地。
（5）拆，就是将箱包、物品打开。

以上每一个环节，都要认真分析，作出判断。如果能够断定物品异常，应不拆开物品，以免破坏物品或物品上的痕迹。

3. 检查物品的操作要求

（1）轻开、慢拉、谨慎开启。

开启箱包之前，仔细观察一下开启的方式，先轻轻挪动一下拉链、纽扣，看是否异常，同时，要注意拉链、纽扣上是否有机关，以防箱包内有爆炸装置。

（2）轻拿、轻放，顺序查验。

检查箱包内物品，要轻拿、轻放，以防损坏；对有连线、有声响、有气味的物品，更要谨慎拿取；拿取物品时应从上往下顺序进行，不要掏底取物，更不能将箱包内东西反复上下翻动；对赃物、凶器，一定不要满把抓，尽可能用干净布垫手或戴手套轻取，或拿一般人不常动的地方，防止破坏犯罪痕迹。

第三节　车辆盘查

对可疑车辆的盘查，是民警将可疑车辆拦截下来后，或是对停放的可疑车辆，对车上的可疑人进行现场控制、盘查，对可疑车辆进行检查的技战术方法。

盘查可疑车辆要求装备齐全，最低不能少于4人，按照规范的动作来操作。

一、例行性检查

例行检查是民警在执行勤务过程中，对可疑的车辆进行的例行性检查。

（一）截停

负责截停的民警应由现场指挥员承担，截停时应左手持停车标志，右手示意靠边停车。夜间截停时应右手持红色荧光指挥棒。截停后的车辆应停在警车后方10米处的便道上。

（二）站位

现场指挥员站在可疑车的左侧前方2~3米处，主盘查民警由可疑车的右后方绕到可疑车有驾驶员一侧的稍后位置；负责监控警戒的民警，站在可疑车的右前方2~3米处；驾车民警按照分工不下车，履行自己的职责。

（三）语言控制

（1）由主盘查民警先敬礼，表明警察身份，再告知："警察执法，检查车辆，请您关闭发动机，拔下车钥匙，将玻璃摇下来，打开车门，协助我们实施检查。"

（2）放行时的语言："谢谢您的合作，您可以走了。"

（3）经过检查，嫌疑不能排除需进一步查明时的告知语言。

（四）检查

1. 对人的检查

（1）不下车接受检查。

让驾驶员按规定的口令将车熄火，拔出车钥匙，打开车门后，主盘查民警即可以从司机一侧的左后方接近车辆，进行检查。让其拿出驾驶证和行驶证，此时担任监控警戒的民警一定要百倍地警惕；如车内人员有所动静，应及时发出警告，做出控制反应。

（2）下车接受检查。

让可疑人下车离自己1米左右站住，接受检查。如有必要检查车辆时，让车上所有人全部从车的司机一侧下车接受检查。当证实涉嫌人员确有重大犯罪嫌疑，需要其下车时，查控民警应密切分工，主盘查民警令司机先下车，下车时高举双手或双手抱头，背对警察慢速退到车辆的侧后方，采用趴车式或跪地式进行检查。

2. 对车的检查

（1）检索、核对三号及被盗、抢、失踪车辆登记簿。首先，检索、核对该车的三号（车牌号、机器号、发动机号）是否是被盗、抢或失踪的车辆；其次，注意车与车牌是否相符，注意三号中有无私自涂改的号码，如1改4，1改7，3改8，6改8等；如发现是被盗、抢、失踪的车辆，车、车牌不符或三号中有涂改的情况应重点审查。

（2）检查点火开关是否异常。查看点火开关是否被改动，有无拆卸的痕迹，若有异常，应重点审查。

（3）查看车身颜色变化。在检查中，可打开机器盖子，查看结合部位及边角外沿的车漆颜色是否一致。

（4）检查车内是否有违禁物品。

检查车辆时应由主盘查民警负责检查；指挥员协助检查，并监视可疑人；另一民警始终负责警戒及监控可疑人。检查出可疑情况应立即对可疑人进行控制、搜身。

二、对特定目标车辆的检查

对特定目标车辆的检查是指对上级通报协查的、带有明显特征的车辆所进行的检查。

（一）截停

负责截停的现场指挥员应全副武装，按照例行性截停方法进行截停；截停时，必须保持高度警惕，始终处于临战状态。

（二）站位

当特定目标的嫌疑车辆被截停在指定位置后，现场指挥员应迅速在嫌疑车辆的左前方控制，负责监控的民警在车的右前方寻找掩护物进行监控，盘查民警从车的右侧后方绕到有驾驶员的一侧稍后方监控，同时密切观察车内的可疑情况。

（三）语言控制

盘查民警发出"不许动！警察！将玻璃摇下，双手抱头"的口令，待犯罪嫌疑人双手抱头后，继续发出"熄火，将全部车窗摇下，用左手拔下车钥匙，扔出车窗外"的口令，待犯罪嫌疑人完成此动作后，继续发出"将双手伸出，放在车沿上"的口令。

（四）检查

1. 对人的检查

当犯罪嫌疑人接受盘查民警的口令将双手放在车的上沿以后，盘查民警从嫌疑车辆的左后方接近嫌疑车辆，掩护民警随时调整武器的角度，使盘查民警处于安全范围之内。当盘查民警到司机一侧左后方1.5米左右的位置时，停止前进，依次让司机、副驾驶、后排人员用左手由外打开车门，双脚先下车，下车后慢慢地在原地转一圈，确认身体确实没有凶器时再让其趴在车上或双手抱头、双脚重叠跪在地上等待接受检查。

2. 对车的检查

检查车辆应按照从后往前查的顺序进行。当在检查汽车的后备箱时，应站在后备箱的一侧，由主盘查民警打开后备箱门，然后再检查后排座位与前排座位之间的位置和前排两个座位间的空当。

第四节　特殊情况的处置

一、对群众围观的处置

对绝大多数拥有好奇心理的群众，要及时对其用礼貌、客气的语言进行劝离。如"我们正在执行公务，请您不要围观，谢谢您的配合""我们正在对可疑人员进行盘查，为了您的人身安全，请您马上离开，谢谢配合"。劝离工作要及时做，在一两名群众围观时就要进行劝离，这时劝离的效果最好，否则围观群众会越聚越多，劝离的效果也就会差得多，影响盘查工作的进行。在围观群众聚集很多且形成很强的盲目从众、跟风心理时,要及时发现围观群众中正义感比较强的人,及时与其进行沟通,使其替警察说话,在群众中形成一种有利于警察工作的良性舆论,使"墙头草"往警方这边倒。

二、对嫌疑人不配合的处置

(一)对语言不配合情况的处置

盘查对象以语言形式对抗盘查时,值勤民警要心态冷静,不卑不亢,冷静地告诉对方,实施盘查是法律赋予公安机关的权力,每个公民都应予以配合,同时还应告知根据《中华人民共和国治安管理处罚法》第50条的规定,拒绝和阻碍民警依法执行职务,未使用暴力、威胁方法的,处10日以下拘留、500元以下罚款或警告。如仍不配合,可对其口头传唤,将其强行带至指定地点,在有见证人在场的情况下对其进行盘查。

(二)对行为不配合情况的处置

(1)遇有随意插兜或掏东西的情况时,警戒民警应迅速将手放在武器或警械上,同时命令盘查对象停止动作,慢慢地将手拿出,将盘查对象的手纳入民警的视线范围之内;如果盘查对象拒不听命令,继续插兜或做掏东西的动作,则盘查民警与警戒民警同时加重语言控制的力度,迫使其停止做动作;如情况危险,盘查民警可往后退几步,与盘查对象保持一定的距离,暂避免与其发生身体接触,直到盘查对象停止做动作为止。

(2)遇有不断逼近民警的情况时,盘查民警应伸出左手阻止盘查对象继续逼近自己,命令盘查对象站住别动,同时右手做欲掏警械的动作,并适当后退,使自己与盘查对象始终保持安全距离,命令其不许向前,以防止出现袭警情况,并严厉告之如继续

第六章 盘查战术

靠近民警将面临严重后果。

（3）当盘查民警拦住盘查对象准备盘查，盘查对象突然转身离开时，盘查民警应尾随跟进，并喝令盘查对象站住别动，警戒民警迅速移动站位，做戒备动作；如盘查对象继续走，则盘查民警应告知盘查对象公民应配合执勤民警执行公务，如不配合将面临严重后果，警戒民警则要拦住盘查对象的去路，直至盘查对象停下接受盘查；如盘查对象逃跑，民警应奋力追击，并向指挥中心报告情况，请求支援；追击过程中，民警不要跑在一条线上，应在其侧后方追击，追上以后切忌由后抓盘查对象的头部和肩部，应采用推、绊、踩、踢等技巧，使盘查对象失去重心倒地，再行控制。

三、盘查后对被盘查人疑点不能排除，但证据又不充分时的处置方法

首先告知被盘查人情况可疑，需要到指定地点继续盘查，并服从警察命令。在到指定地点之前要做到人物分离。如果是徒步，民警应在嫌疑人左侧后方1.5~2米的距离处监控，拔出枪做临战准备；如果用警务车，应让可疑人先上，将其夹在中间，使可疑人始终在民警严密监视下，防止发生意外。

四、常规检查发现重大可疑时的处置方法

常规检查态度要和蔼，语言要客气、礼貌，请对方予以合作。一旦发现可疑，首先要提高警惕，做好保护自己的准备，迅速转入戒备状态，按检查控制重大嫌疑人的工作要求进行检查，控制住可疑人。

五、巡逻盘查中搜出凶器、武器、赃证物时的处置方法

（1）在人身检查中发现或预感该人带有武器、凶器或违禁品时，应立即对其控制，并立即给可疑人上铐约束，进一步搜身，搜身后带回公安局。

（2）在物品检查和车辆检查中发现凶器、武器、赃证物品时，应首先控制住嫌疑人，对其上铐约束，然后对物品和车辆进一步检查。可疑车辆必须由民警开回。

六、盘查中被盘查人逃跑时的处置方法

当被盘查人逃跑时，民警应马上追击。在跑动中注意不要直接用手拉扯嫌疑人，防止民警受到伤害；应在接近嫌疑人的一瞬间用脚扫或是手推，再或者用警械具击打嫌疑人的大臂或腿部。如果数名嫌疑人逃跑，民警应集中力量追击跑得最慢的那一个，力争将其抓获。

七、对发生袭警情况的处置

应在首先确保自身安全的前提下，迅速判明情况，视情予以处置。如果一名盘查对象徒手袭警，民警可利用警力优势，以一招制敌的技术将其控制、制服后带回审查；若多名盘查对象袭警或盘查对象持械袭警，则民警应迅速掩护后撤，保持安全距离，视袭警情况持枪在手进行威慑，命令其不许动，尽量用语言控制，不与盘查对象发生身体接触，同时呼叫指挥中心请求支援；如果盘查对象继续袭警，危及民警的生命安全或有抢枪的意图，民警可依据《人民警察使用警械和武器条例》第7条、第9条的规定视情况使用警械或者武器。

第五节　设卡堵截

设卡堵截是人民警察在特定的犯罪嫌疑人逃跑路线的前方设立卡点，对其进行守候拦截并实施缉捕的紧急警务活动。

一、设卡堵截的原则

（一）先敌设卡的原则

人民警察接到上级公安机关设卡堵截的命令时，应快速地反应，在最短的时间内到达设卡地点，设置路障。设卡堵截时，必须在时间和空间上树立超前的意识，做到先敌设卡，这是卡点得以发挥作用的必要前提。指挥员应结合当时当地交通情况、地理环境及犯罪嫌疑人逃跑的时间和所利用的交通工具，迅速而正确地确定堵截范围和设卡位置，完成警力部署，并做好战斗准备。

（二）合理设卡的原则

卡点要选择在既有利于民警的拦截抓捕，又能使犯罪嫌疑车辆的车速较慢、不易调头回窜或利用周围环境弃车逃跑的地段。设卡的地点应视野开阔，便于观察、便于展开警力、便于隐蔽掩护自己，同时应避开人群、闹市、交通要道、危险物品或重要场所，以免造成不必要的损失。此外，也可利用已有的固定检查站点。

（三）明确分工的原则

设卡堵截要将参战的民警分成观察组、拦截组和火力控制组，使每名民警明确自己的分工和职责。明确的分工可使民警根据自己的职责和任务，处置现场的各种情况，防止造成自身的混乱。同时，也有利于参战民警的整体协防，提高缉捕的成功率。

二、设卡堵截战术行动

设卡堵截通常采用三道复式设卡战术，即观察识别卡，路障拦截卡和火力拦截卡，三道卡有各自的分工和任务，同时又紧密配合，共同完成堵截和抓捕任务。

（一）观察识别卡

设置观察识别卡的目的是发现、识别嫌疑车辆，及时通知路障拦截卡和火力拦截卡做好拦截准备。此外，可根据案情的需要，担负堵截回窜嫌疑车辆的任务。观察识别卡与路障拦截卡之间应有 1000 米以上的距离，以便拦截卡点能够做出拦截反应。观察识别卡与路障拦截卡之间不能有交叉路口，以防止嫌疑车辆脱逃。

观察识别卡的民警可采用隐蔽或伪装的方法进行观察，可利用周围的环境隐藏在有利于观察过往车辆的地方，如建筑物后面、车辆里、草丛中、树林里、岩石后等，也可化装成在路边卖货的小商贩、修理汽车的司机等。

观察识别卡的民警一旦发现确认嫌疑车辆，应立即用通信设备将嫌疑车辆的颜色、种类、牌号及嫌疑人的情况通知路障拦截卡和火力拦截卡，同时驾车跟随其后，随时掌握、汇报嫌疑车辆的动态情况，并负责堵住其回窜道路。

（二）路障拦截卡

设置路障拦截卡的目的是利用专用的路障器材或拦截装置对嫌疑车辆实施有针对性的拦截和缉捕。

路障拦截卡的民警应分成拦截组、控制组、抓捕组和机动组。拦截组负责拦截嫌疑车辆；控制组负责控制嫌疑车辆及车内嫌疑人；抓捕组负责抓捕犯罪嫌疑人；机动组负责现场警戒，并肩负追缉闯卡或回窜嫌疑车辆的任务。

路障拦截卡的民警到达卡点后，要保持高度的警惕性，随时与其他两个卡点保持通信联络。当收到犯罪嫌疑车辆已通过观察识别卡的信息后，指挥员应立即命令所有人员进入拦截状态，铺设阻车器材，将警车开到路障的一侧，车头向内，以便及时追缉闯卡或掉头回窜的嫌疑车辆。其余民警在路边两侧做好拦截和抓捕的准备，当嫌疑车辆被截停后，立即实施抓捕。

（三）火力拦截卡

设置火力拦截卡的目的是对冲闯路障拦截卡的嫌疑车辆实施最后的火力阻截，火力拦截卡应设在路障拦截卡后方 150 米左右的位置上，嫌疑车辆遭阻车器材破损后，经过一段距离的行驶已无法高速逃窜。

火力拦截卡的民警应分成狙击组和围捕组。狙击组的民警要选择有利于射击的位置，对继续逃窜的嫌疑车辆和暴力反抗的犯罪嫌疑人进行精确地射击；围捕组的民警要选择在狙击手火力死角的位置上，对弃车逃窜的犯罪嫌疑人实施包围捕歼。

三、几种特殊情况的处置

（一）对闯卡嫌疑车辆的处置

当犯罪嫌疑人不服从拦截民警的指挥，突然加速闯卡时，担任控制任务的民警应立即向闯卡车辆的轮胎射击，击破轮胎迫使其停车；负责通信联络的警察立即通知火力拦截卡的人员在其前方进行火力拦截。同时，抓捕组和控制组人员立即驾车进行追缉。

（二）对掉头逃窜嫌疑车辆的处置

当嫌疑车辆在卡点前掉头回窜时，跟随其后的观察识别卡的民警立即进入拦截状态；同时，抓捕人员和监控人员马上驾车进行追缉，形成前堵后追的夹击态势；当嫌疑车辆被迫停车后，追缉民警的车辆应停在其后方至少3米远的地方，并将车头向左；民警下车后立即用警车做掩护物出枪控制犯罪嫌疑人，然后再进行抓捕。

（三）对弃车逃跑犯罪嫌疑人的处置

当犯罪嫌疑人在拦截卡点前停车后向路边逃窜时，民警应立即鸣枪示警，如果警告无效，犯罪嫌疑人继续逃窜，可以向其非要害部位开枪射击，制止其逃跑；如果犯罪嫌疑人持枪反抗，警察应立即躲在掩护物后，向其开枪，制止其暴力反抗。

（四）对持枪驾车逃跑犯罪嫌疑人的处置

当确认持枪犯罪嫌疑人的车辆后，路障拦截卡的民警要躲在警车或掩护物的后面隐蔽自己，用枪支控制嫌疑车辆，并喊话，命令持枪犯罪嫌疑人的车辆停车熄火后，再逐个控制嫌疑人下车抓捕。如果犯罪嫌疑人持枪反抗，则民警可直接开枪将其击伤或击毙。

（五）对劫持人质车辆的处置

在路障拦截卡点，犯罪嫌疑人突然劫持司机为人质时，民警应立即与其谈判，同时报告上级公安机关，并通知观察识别卡和火力拦截卡的民警封锁路面，形成初始的围控，防止犯罪嫌疑人劫持人质逃脱。在确保人质安全的前提下，民警可把握战机，以突然袭击的方式制服犯罪嫌疑人或用枪将犯罪嫌疑人击毙。

（六）高速路上的设卡堵截

在高速路上进行设卡堵截时，应以收费站为拦截卡点，在卡点前方 3~5 千米设置观察识别卡；当拦截卡民警收到嫌疑车辆已进入拦截路段的信息后，应立即关闭其他收费通道，只放开一条通道，以利于其他车辆通过和民警设障拦截；拦截卡民警也可化装成收费的工作人员或道路稽查人员，采用隐蔽的方式拦截。

第七章
群体性事件处置技战术

群体性治安事件是指聚众共同实施的违反国家法律、法规，扰乱社会秩序，危害公共安全，侵害公民人身安全和公私财产安全的行为。

第一节 处置群体性事件的原则

在处置群体性事件时，要根据事件的性质、发展趋势、区域等实际情况，采取不同的处置方法。

一、统一指挥、协调配合的原则

处置群体性治安事件要在党委、政府和上级公安机关的统一指挥下，统一号令，多警种协调配合，充分发挥各部门的职能作用，形成一个有机的整体。

二、依法施策、避免冲突的原则

处置群体性治安事件必须在法律允许的范围内执行各项任务。依照法律赋予的权限，根据实际情况，采取合理、合法、合情的处置方法，正确使用法言法语，尽量避免发生正面冲突，激化或转移矛盾，扩大事态。

三、掌握信息、快速处置的原则

处置群体性治安事件必须及时掌握事态发展信息,尽快分析决策,尽量在事件刚刚引发的阶段快速处置,消除隐患,以最小的代价换取最好的效果。

四、警力优势、慎用警械的原则

处置群体性治安事件要防止事态的发展,信息的传播,必须保证警力和装备上的绝对优势,以此形成震慑力,迅速瓦解对方心理防线,达到不攻自破的效果。同时注意慎用警械具和强制措施,尽量减少对抗。

第二节 处置群体性事件的战术行动

处置群体性治安事件必须采用合理的战术行动,对事态的发展变化,及时迅速地做出反应,平息事态,恢复秩序。

一、封控隔离

(一)多边封控,多层布防

为防止事态扩大和蔓延,要在事发的初始阶段,对事发现场实施管制。首先进行封控隔离,然后多层布防。在控制闹事人群聚集场所时,通常在人群边缘和外围适当距离的主要道路、桥梁、通道、路口等要道设置警戒线;在两道警戒线之间派出观察员,在靠近人群的适当地域部署机动警力。在控制闹事人群居住地时,应当在夜间秘密封控外围出入口,占领制高点设置观察警戒,在主要街道巡逻盘查,在核心区部署机动力量。必要时可以实施区域交通管制，防止无关人员进入现场。

(二) 设障拦阻，预先隔离

当闹事人群冲击目标时，应当组织拦阻，通常在目标边缘和要害部位和单位外围设置警戒线，在要害部位内部部署武装小组。封控时，利用现场地形设置隔离带、拦阻线。对向预定现场前进的闹事人群，应积极控制疏导，尽量将其拦阻在预定地域进行处置。

(三) 平行楔入，分割控制

当闹事人群围堵、冲击党政机关或其他要害部位和单位，要采取多路楔入，平行穿插，以"介"箭头队形将闹事人群分割成数块，实行分段控制，断开闹事人群的相互联系，削弱、分散其整体力量，减小互动、从众心理的影响。

(四) 实施包围，立体控制

对已经形成一定规模的群体性治安事件，在指挥部的统一指挥下，集结警力，对事发现场实施四面包围，由外向内层层压缩，同时占领周边制高点以及地下出入口，形成立体控制，防止事态扩大和闹事骨干分子漏网。此外在外围险要处要组织一定警力，以静制动，形成强大的威慑态势。

(五) 多路穿插，条块分割

将警力编成具有较强战斗力的穿插分队，从不同方向和地段，多路而有目的地穿插，将现场人群分割成若干块，以隔断闹事人群的联系，有效控制闹事人群之间的串联和聚集，并分别劝导平息事态。

(六) 强制隔离，制止犯罪

当现场出现打、砸、抢、烧等犯罪行为时，应立即予以制

第七章 群体性事件处置技战术

止,必要时按规定使用警械具或根据上级命令向闹事人群投射催泪弹;同时隔离队迅速突击插入,分割人群,迫使人群向后退,扩大隔离带形成隔离区,并视情况投入预备队,加强隔离态势。利用催泪弹效果,抓捕闹事头目和实施打、砸、抢、烧的犯罪嫌疑人。

二、说服、疏导

利用法律法规和政策,说服劝导,化解矛盾,缓和对立情绪,稳定局势,维护秩序,孤立和劝降闹事骨干分子。

(一)宣传法律,积极疏导

当闹事人群被封控隔离后,适时开展政治攻势,以法律和政策为武器,以教育疏导,惩戒规劝为手段,采取座谈、对话等方式,讲明政策,揭露组织者的企图和阴谋,讲清事件的性质和危害,阐明政府对事件处置的立场和态度,说服不明真相的群众离开现场,分化瓦解闹事人群,孤立、劝降闹事骨干分子。

(二)以诚相待,稳定情绪

以真情感化参与者,用实际行动取信于民,做好耐心说服工作,缓解群众的对立情绪,稳定局势,力争使已经形成一定规模的闹事人群自动离散。

三、威慑

制造声势,武装震慑,显示处置决心,制止事态的发展和升级。

(一)快速机动,示形造势

进入事发现场时,所有警车拉响警报,浩浩荡荡向事发地集结,形成兵临城下,大军压境的威慑态势,从心理上对闹事者予以强有力的威慑打击，打消其趁机制造事端的不法企图。

(二)重兵把守，巡逻监控

集中优势力量对主要目标、交通要道路口、闹事人群聚集区实施重兵把守，能相互策应。对事发地区不间断地进行武装巡逻，积极开展群众工作，取得群众的支持和理解，对闹事首要分子和犯罪嫌疑人进行严密监控。

(三)便衣渗透，信息威慑

适时派便衣渗透到闹事人群中，以参与者的身份向组织策划者传递有关不利于事件参与者的信息，使参与者难以承受信息压力而自动离去，遏制违法犯罪活动，平息事态。

四、抓捕

适时抓捕闹事人群中的犯罪嫌疑人和煽动扩大事态者，有利于迅速平息事态。

(一)秘密抓捕

隐蔽接近闹事人群，混于其中，查明闹事策划者以及骨干分子的情况，秘密监视，根据实际情况，采取适当方法将其秘密抓捕，迅速带离现场。

(二)强行抓捕

在查明闹事骨干分子的基础上，选择有利地形，实施穿插；情况紧急时，可边警告边穿插；当警告无效时，可使用非致命性武器打开突破口，强行对闹事骨干分子实施抓捕，并由掩护分队掩护抓捕队迅速将抓捕对象带离现场。

五、驱散

敞开通道，使用强制措施驱散闹事人群，保护重点目标，恢

第七章 群体性事件处置技战术

复秩序。

（一）列阵突击，一线平推

在闹事人群聚集现场的一侧，展开若干个驱散队形，协调一致地向一个方向推进，迫使闹事人群向指定的方向离散。该战术一般在以下情况使用：一是当闹事人群刚开始聚集，规模不大时；二是当闹事人群精神、体力疲惫，组织松懈时；三是当夜间围观人员减少，疏散道路通畅时；四是当闹事人群有暴力行为，可能对重要目标构成威胁时；五是当处置警力相对不足，为增加警力密度时；六是当一侧重要目标较多，另一侧地形相对开阔，疏散道路较多时。

（二）一点突破，两侧平推

在人群聚集地区进出道路较少，地形狭窄，或驱逐占据建筑物的闹事人群较多，或驱散围困重要目标处的闹事人群时，集中优势警力在闹事人群中央打开一条道路，而后向两侧进行疏散。

（三）突击分割，挤压疏散

在警力充足，闹事现场进出口道路较多，或捣毁位于人群中心的闹事组织的指挥机构，或重要目标安全受到威胁，需尽快疏散聚集人群时，从不同方向对闹事人群由外向内实施突击，将闹事人群分割成数块，分别进行合抱挤压疏散。

（四）短促冲击，强力驱赶

当闹事人群占据重要目标时，应以最快速度、最短路线到达指定位置。在发出最后警告无效情况下，采用箭形或集团方阵，以短促有力的冲击，驱散人群。必要时可施放催泪弹，震慑瓦解对方斗志，削弱对方抵抗力，并迅速展开迅猛有力冲击，一举将各路闹事人群驱散。

（五）列阵平推，两侧驱散

根据实际情况，沿隔离带（区）两侧展开数个驱散队形，协调一致向两侧挤压推进，迫使闹事人群向指定方向离散。并在交通要道设点，疏导分散，同时，多层部署控制路口，防止离散人群再次进入，回流重聚。

（六）避其锋芒，稳内控外

当闹事人群人数多，事件规模大，现有警力难以迅速处置，且闹事人群情绪激动，事态恶化时，应迅速组织撤离，如被闹事人群包围则应与外围人员积极策应，采取积极的方法稳定群众情绪，同时控制包围人群的外围，防止闹事者乘机作乱。

第八章 抓捕战术

第一节 抓捕工作特点与分类

抓捕工作是指侦查人员依据我国相关法律规定,严格按照规范程序要求,根据掌握的犯罪情报信息,严密制定行动方案,科学合理组织警力,周密进行工作部署,秘密对犯罪嫌疑人实施的抓捕行动。

一、抓捕工作特点

(一) 情报信息的准确性

认真细致地收集和研判犯罪情报信息,是做好抓捕工作的前提,没有全面、准确、及时和可靠的侦查情报信息,抓捕行动的组织和实施难以进行。实践证明,由于情报信息不全面、不准确或不及时,不仅会给抓捕工作造成被动,甚至会带来危险和导致抓捕行动的失败。

(二) 行动部署的周密性

抓捕行动是斗智、斗勇、斗力的秘密武力捕获行动,带有极强的对抗性和复杂性。抓捕工作往往因行动部署的谋略性不强、战术性不佳或行动性有误,造成抓捕行动的失败和人员伤亡。因此，要求抓捕行动的指挥员和决策者，必须在全面准确地掌握犯罪情报信息的前提下，具有高深的谋略和很强的战术意识，科学制定行动方案并周密部署，否则，就难以适应抓捕行动的规律特点，无法有效地打击犯罪和保护自身及人民群众的安全。

（三）组织实施的灵活性

抓捕行动的成败是由多个环节和因素决定的，而且抓捕行动又往往处于动态发展和瞬息变化之中，许多意想不到的情况会打乱原有的工作部署和方案，情况的多变性、突发性是抓捕工作的突出特点之一。这对侦查人员的现场应变和处置能力提出了更高的要求和考验，只有认清形势、把握规律、因势利导、抢先施变，机动灵活地予以果断处置，才能始终把握住抓捕行动的主动权。

（四）抓捕行动的危险性

由于抓捕行动必须通过直接接触犯罪嫌疑人来完成，而抓捕对象受其生存欲望的支配，均存在较强的警觉性和防卫心理，具备一定的反抗能力和拒捕手段，他们往往是穷凶极恶、不计后果，要成功抓获犯罪嫌疑人，侦查人员就要有效消除其反抗能力和拒捕手段。这就决定了抓捕人员和抓捕对象的激烈对抗时刻存在，抓捕行动具有潜在和随时发生的危险性。

（五）工作纪律的保密性

"密"则胜，"露"则败，这是已被无数抓捕行动战例证明的道理。抓捕行动中，侦查情报、行动计划、抓捕方式等均属保密范畴，它是取得抓捕行动胜利的可靠保证。如果失密而惊动抓捕对象，那就丧失了行动的突然性和主动性，造成抓捕对象的戒备或逃逸，使抓捕工作增大难度，甚至导致不必要的财产损失和人员伤亡。

二、抓捕工作分类

（一）室外抓捕行动

室外抓捕主要包括在居民小区、城市街巷、农村村落和野外场所等开放性空间区域对犯罪嫌疑人实施的抓捕技战术行动。

（二）室内抓捕行动

室内抓捕主要包括在居民楼、办公楼、宾馆客房和独门独院等建筑物等相对封闭空间内对犯罪嫌疑人实施的抓捕技战术行动。

（三）交通工具上抓捕行动

交通工具上抓捕主要包括对驾乘机动车、乘坐公共电汽车、地铁、火车、轮船、出租车等公共交通工具的犯罪嫌疑人实施的抓捕技战术行动。

（四）特殊环境及情况下抓捕行动

特殊环境及情况下抓捕主要包括在敏感地区、高危地区和对具有特殊法律身份的犯罪嫌疑人实施的抓捕技战术行动。

第二节 抓捕工作原则与程序

一、抓捕工作原则

（一）依法抓捕

1. 依法适用抓捕对象

依据《刑事诉讼法》第 82 条及相关的法律规定，抓捕对象必须是现行犯或者重大犯罪嫌疑分子，以及具有法律规定的 7 种特殊情形的，可以先行拘留。

2. 办理抓捕法律手续

依据《刑事诉讼法》第 81 条、第 83 条、第 87 条及相关的法律规定，执行抓捕任务前，须填写《呈请拘留报告书》等相关法律手续。

3. 严格抓捕法律程序

依据《刑事诉讼法》第 82 条、第 85 条、第 93 条的规定，采取抓捕行动时，须按照出示拘留证、逮捕证等相关法律程序进行。

4. 依法使用武器及警械具

依据《条例》的规定，在实施抓捕行动中，须按具体法律规定使用警械，对使用警械不能制止，或者不使用武器制止，可能发生严重危害后果的，可以按规定使用武器。

5. 执行相关法律法规

（1）依据《人民警察法》第 13 条的规定，在执行抓捕任务时，侦查员因履行职责的紧急需要经出示相应的证件，可以优先乘坐公共交通工具，可以优先使用机关、团体、企业事业组织和个人的交通工具、通信工具、场地和建筑物。

（2）依据《人民警察法》第 16 条和《公安机关办理刑事案件程序规定》第 172 条的规定，因侦查犯罪的工作需要，公安机关可以采取相应的技术侦查措施。

（3）依据《关于刑事案件现场勘验检查中正确使用提取和扣押措施》的规定，侦查员对发现的与犯罪有关的痕迹物品和文件都应当提取，并填写扣押物品的相应登记表。

（4）依据《刑事诉讼法》第 138 条和《公安机关办理刑事案

件程序规定》第 207 条的规定,在执行逮捕、拘留的时候,因情况紧急,侦查员不用搜查证也可以对嫌疑人人身及现场进行搜查,事后再补全相关法律手续。

(5)依据《刑事诉讼法》第 83 条及《公安机关办理刑事案件程序规定》的规定,异地抓捕时,侦查员要持相关法律手续及办案协作函件和工作证件。

(二) 确保安全

1. 确保民警自身安全

在组织实施抓捕行动中,要确保侦查员的自身安全。侦查人员应树立安全防范意识,对犯罪嫌疑人的防范心理、反抗能力、拒捕手段进行风险评估,甚至是超量级的预测,绝不能麻痹轻敌。真正做到行动前周密部署,全面筹划;行动时精心组织,稳妥实施;行动后有序撤离,严密控制;最大限度避免犯罪嫌疑人对侦查员的人身侵害。

2. 确保群众人身及财产安全

在采取抓捕行动时,应考虑到人民群众的利益和安全。侦查人员绝不能为了抓捕犯罪嫌疑人而弃群众生命财产于不顾,不能因蛮干、硬干致使抓捕行动伤及无辜,造成群众生命和财产的重大损失,更不允许采用以伤及群众为代价换取战斗效果的方法实施抓捕。为此,在采取抓捕行动前,要充分考虑到抓捕行动可能会对周边群众的人身安全及其财产造成的影响和后果,制定安全稳妥的抓捕工作方案,确保抓捕现场群众的绝对安全。

3. 保证犯罪嫌疑人人身安全

在采取抓捕行动时,要充分考虑到犯罪嫌疑人的人身安全。侦查人员应全面分析犯罪嫌疑人可能采取的一些极端行为,如自残、自杀等,对此要充分做好思想和行动准备,在对犯罪嫌疑人进行快速有效控制的同时，还要保护好犯罪嫌疑人的人身安全。在武力使用上，侦查员要根据犯罪嫌疑人及现场情况合理使用武力，不能因过分使用武力对犯罪嫌疑人造成不必要的伤害。

（三）立足优势

1. 确保警力优势

抓捕工作，部署和调动警力要遵循足够、适度且留有余地，保证占有优势的原则。确保做到：在警力调配上，能够运用自如；在素质技能上，能够满足需求；在武力对抗中，能够处于优势；在出现突发情况时，能够有效应对；在情况不明或优势不够时，应在条件允许后再择机实施抓捕行动。

2. 确保装备优势

抓捕工作，要求侦查人员根据犯罪嫌疑人可能持有的凶器和反抗程度，行动中须携带足够的武器弹药和相应装备，在武器装备上要确保具有绝对优势。武器装备优势作用表现在：既能起到震慑犯罪的作用和有效地战胜对手，又可以做到从容应对各种突发情况和保证自身的安全。

3. 确保位置优势

抓捕工作，要求侦查人员应选择便于开展抓捕工作的地点和对行动有利的位置。抓捕位置优势的原则：一是便于观察控制；二是便于主动进攻；三是便于安全防范；四是便于快速撤离。

4. 确保时机优势

抓捕工作，要求选择最佳的行动时机。抓捕时机优势应理解为：侦查人员要选择在犯罪嫌疑人思想麻痹、无反抗能力、处于十分被动的情况下对其实施抓捕。

第八章　抓捕战术

（四）行动保密

1. 严禁泄露抓捕情报信息

在实施抓捕行动特别是抓捕特殊案件的犯罪嫌疑人时，侦查员要做好对抓捕工作相关情报信息的保密工作，加强行动人员的保密纪律教育，采取必要的保密工作措施，如可根据情况到抓捕现场再明确抓捕对象和部署抓捕方案。

2. 不易暴露侦查人员身份

在前期侦查和实施抓捕工作时，为了确保行动隐蔽性，侦查员尽量不提前暴露身份。一是在着装上应穿便衣，禁止穿着和使用带有警察标记的服饰及物品；二是不使用带有警用标志的车辆；三是开展工作时可以采取伪装或化装的方式。

3. 采取秘密方式接近对象

在实施抓捕工作中，原则上应当在不暴露侦查员身份情况下，采取秘密方式接近抓捕对象，力争做到"施计用谋，以智取胜，出其不意，攻其不备"。

4. 采取秘密手段实施行动

为保证抓捕行动的安全，避免惊动犯罪嫌疑人及同伙，减少对社会带来的负面影响，抓捕行动最好采用秘密抓捕方式。但在特定场合及情况下，为便于开展工作，也可采用"公秘结合"的方法，由着装民警协助便衣侦查员实施抓捕。

（五）保全证据

1. 现场实施有效管控

侦查人员要对抓捕现场实施有效的封控，必要时可拉出警戒线，指定专人看管，严禁无关人员进入现场。

2. 明确现场犯罪物证

侦查员事先要了解和明确现场犯罪物证收集的工作要求，分析现场犯罪物证可能存放和隐藏的部位，做到能够准确进行识别，一旦发现物证要及时进行保管和登记。

3. 有效保护痕迹物证

在现场抓捕行动结束后，侦查员要迅速对现场进行封控，禁止无关人员进入，现场物品禁止随意翻动，对易于破坏的痕迹物证要采取相应的保护措施，尽量保持现场的原始状态，由专业人员对现场进行勘验。

4. 及时收集保管证据

在抓捕犯罪嫌疑人的同时，侦查员要注意在抓捕现场收集、固定和保管与案件有关的各种犯罪证据，对犯罪嫌疑人的随身物品要有专人负责保管，防止犯罪嫌疑人及现场其他人员隐匿、破坏和销毁犯罪证据。

5. 配合刑技人员勘查

侦查人员要积极为刑侦技术人员勘查提供现场原始情况和相关信息，维护好现场秩序，协助开展现场勘验工作。

（六）适度控制

1. 现场控制范围要适度

现场控制的范围须根据抓捕工作的需要确定，侦查员要在确保安全的前提下尽量缩小控制范围，避免因控制范围过大造成警力不足和影响到周边群众正常生活。

2. 现场控制人员要适度

在明确犯罪嫌疑人的情况下，侦查员要对现场人员按照犯罪嫌疑人、犯罪关联人、犯罪无关人员进行区别对待。当犯罪嫌疑

第八章 抓捕战术

人不十分明确时,注意不要随意无限扩大对现场人员的控制面。

3. 现场抓捕动作要适度

在实施抓捕时,侦查员对犯罪嫌疑人的控制方式和力度要适度,以控制住双手为原则,使其不能对侦查员及周边群众安全造成威胁。应避免出现抓捕行为过当,对犯罪嫌疑人造成不必要的伤害。

4. 武器及警械具使用要适度

在抓捕过程中,侦查员要根据犯罪嫌疑人的反抗程度和现场情况,严格依照法律规定,正确使用武器和警械具。在条件具备的情况下,还应携带网枪、催泪喷射器、防暴枪等非致命性武器,根据现场情况确定使用武力的等级。

(七)减少影响

1. 不破坏和影响国家及公安机关形象

侦查人员要严格按照法律的程序规定实施抓捕行动,做到理性、规范执法,特别是不能采用过激和有损国家及公安机关形象的言行。

2. 不损害群众利益和造成公民恐慌

组织实施抓捕行动,侦查员既不能给周边群众的生命、财产安全造成危害,同时也不能因工作造成群众心理恐慌和不安。

3. 尽量不影响正常工作及生活秩序

在抓捕过程中,侦查员要尽可能将抓捕行动对正常社会工作秩序和群众生活秩序造成的影响降到最低。

4. 把握民族政策和尊重风俗习惯

抓捕行动前,侦查员要对当地的民族政策及风俗习惯进行全面深入了解;采取抓捕行动时,要尊重民族政策和当地的风俗习惯；抓捕行动后，要做好相应的解释工作。

5. 避免造成新闻媒体的恶意炒作

抓捕行动一旦实施，侦查员要力争速战速决，同时注意抓捕的方式、地点的选择并按要求使用执法记录设备，尽量减小影响面，避免媒体的恶意炒作。

6. 防止引发群体性事件和人员聚集

抓捕行动要规范、合理、隐蔽和迅速，侦查员对待现场无关人员和围观群众要讲究方式方法，积极宣传和疏导，同时做好现场善后工作，避免引发不必要的群体性事件和大规模的人员聚集。

二、抓捕工作程序

（一）抓捕前期工作程序

1. 完备法律手续

抓捕工作必须严格依法进行。对于犯罪嫌疑人和抓捕地点已经明确的，侦查人员应按审批工作程序事先办理好相关法律手续，办案民警应携带拘传证、搜查证等法律文书，同时须携带人民警察证，确保抓捕及取证工作依法进行。

2. 收集情报信息

收集抓捕工作情报信息，通常是通过报案人、受害人、证人、已捕获的犯罪嫌疑人和其他知情人，以及刑事特情、技术侦查部门、先期介入的侦查人员等途径进行。收集抓捕工作情报信息的主要内容包括以下几点。

（1）犯罪案件情况。主要包括犯罪性质、犯罪人员构成、犯罪活动及其规律特点等情况。

（2）犯罪嫌疑人情况。主要包括犯罪嫌疑人自然情况、心理特点、亲友关系、社会背景、技能特长、持有武器凶器和爆炸物及使用熟练程度、拥有交通工具及其使用情况、是否有拒捕和袭警的可能等。

（3）抓捕现场情况。主要包括有可能涉及的现场位置及环境、相关建筑结构及设施、交通道路状况、相关人员活动情况等。

（4）其他相关情况。

3. 开展综合研判

侦查人员对收集到的情报信息要及时组织开展综合研判工作。综合研判应由指挥员组织情报部门和参加抓捕工作的相关人员参加，开展综合研判的方式和地点可以灵活确定，必要时可到抓捕地附近组织进行。在研究分析前，要提前对侦查获取的相关情报信息来源、渠道与可靠性进行确认。综合研判应重点围绕以下情况进行。

（1）抓捕地点。主要包括犯罪嫌疑人的居住地，犯罪嫌疑人的藏身地，犯罪嫌疑人的活动区域等。

（2）抓捕时机。主要是指犯罪嫌疑人无戒备的时间，现场环境具备抓捕行动的时间，有利于组织抓捕实施行动的时间。

（3）抓捕方式。主要包括保证警力及群众安全的抓捕方式，避免犯罪嫌疑人逃跑的抓捕方式，避免犯罪嫌疑人自伤自杀的抓捕方式，避免或降低到最小影响的抓捕方式等。

（4）警力及装备保障。主要包括抓捕行动需要配属的警力数及人员素质要求，抓捕行动需要携带的警械、武器及防护装备要求，抓捕行动需要使用的交通及通信工具要求，抓捕行动需要的其他保障要求。

（5）可能出现的突发情况。

4. 制定工作方案

根据收集的情报信息，侦查部门要在综合研判的基础上制定周密严谨的抓捕行动方案及预案。

（1）明确指挥员。主要包括明确抓捕工作的各级指挥员；确定各级指挥员的任务、职责及权限；设计各级指挥员的指挥位置及指挥方式等。

（2）明确警力配属。主要包括明确抓捕工作应配属的警力数量；明确抓捕、控制、警戒、外围等各行动组警力的任务及分工；明确各行动组警力相互协作与配合的工作要求等。

（3）明确警力装备保障。主要包括明确警力携带武器、警械及相关装备的数量；指定武器、警械及相关装备的持有和使用人等。

（4）明确抓捕实施方式。主要包括确定进入抓捕区域方式；预定观察控制点；设计接近犯罪嫌疑人方式；研究抓捕控制犯罪嫌疑人方法；明确现场证据收集要求；清楚犯罪嫌疑人带离方式；明确现场撤离及清理要求等。

（5）明确突发情况处置预案。

（6）明确抓捕行动工作措施。

（7）明确抓捕行动注意事项和工作纪律。

5. 做好周密部署

抓捕行动前，侦查部门要根据抓捕行动方案及预案选择最佳时机，组织参战人员进行周密工作部署，特别是在部署中要明确实施抓捕工作中的重点。

（1）明确抓捕对象。实施抓捕行动前，侦查部门要将犯罪嫌疑人的照片翻拍复制下发或采取投影播放等方式，供参与抓捕行动的侦查员准确辨别和记忆。

(2) 明确步骤程序。指挥人员要对各行动组到达现场指定位置的时机、路线、节奏、顺序进行准确部署。

(3) 明确协调配合。抓捕工作涉及的部门和人员要做到密切协调配合,如抓捕组接近犯罪嫌疑人的时机与抓捕信号的发出要做明确布置,同时对一旦出现突发情况的应变处置方法等进行详细的部署。

6. 组织检查落实

检查落实工作主要包括以下环节。

(1) 人员检查落实。重点检查落实抓捕人员精神状态,心理状态,体能状态等。

(2) 方案检查落实。重点检查落实抓捕、控制、警戒、外围等各行动组人员对自身职责是否明确,对抓捕时机、路线、节奏、顺序是否准确把握等。

(3) 装备检查落实。重点检查落实抓捕行动使用的武器、警械具装备,防护装备,通信装备,交通运输装备等。

(4) 保障检查落实。重点检查落实抓捕行动所需装备及化装服,救护设备及器材,警力餐饮保障等。

(二) 抓捕实施工作程序

1. 确保指挥到位

(1) 明确指挥员。抓捕工作通常采取三级指挥的方式进行,即行动总指挥,行动现场指挥,行动小组指挥。

(2) 确定指挥位置。指挥位置确定的原则是:选择符合于靠前指挥原则的位置;选择能够直接观察到抓捕行动区域、犯罪嫌疑人活动场所及其活动情况的位置;选择便于指挥协调和通信联络的位置;选择不易暴露又有利于隐蔽的位置;选择不被对方攻击、确保安全的位置。

(3) 熟知指挥职责。现场指挥员必须明确上一层级领导,正确理解上级领导和指挥员的工作意图,熟知本职级指挥权限和职责。现场指挥员的主要职责主要包括：组织行动准备；组织行动实施；组织突发情况处置；组织行动善后工作等。

2. 工作任务部署

(1) 观察控制工作部署。明确观察控制任务及工作重点；明确观察控制的警力；明确观察控制点数量及位置等。

(2) 抓捕行动工作部署。明确抓捕地点及场所；明确抓捕组警力及任务分工；明确抓捕接近及制服犯罪嫌疑人方式；明确抓捕犯罪嫌疑人后的控制方法；明确现场取证工作要求等。

(3) 现场警戒工作部署。明确现场警戒任务及工作重点；明确现场警戒的警力；明确现场警戒位置等。

(4) 行动保障工作部署。明确行动保障任务及工作重点；明确行动保障的警力；明确行动保障装备、器材及其位置等。

(5) 其他相关工作部署。明确通信联络保障工作要求；明确现场突发情况处置工作要求；明确抓捕善后相关工作要求等。

3. 临场落实检查

(1) 人员落实。主要包括指挥员到位；各行动组警力到位；相关保障人员到位。

(2) 武器装备落实。主要包括武器、警械到位；通信保障装备到位；防护保障装备到位；救护保障装备到位；其他相关保障装备到位。

(3) 联络方式落实。主要包括联络员到位；联络通信器材及工具到位；联络方式及暗号、手势确定到位；联络工作要求及保密纪律明确到位。

第八章 抓捕战术

4. 组织实施行动

（1）确保同步行动。

①统一下达指令，严格层级指挥。实施抓捕行动应由现场指挥员统一下达命令，经常是以抓捕组的行动启动作为开始的信号。抓捕行动应明确各层级指挥员，上自指挥部下至各行动小组，均应指定负责人并明确指挥关系，在统一指挥的原则下实行有层级的行动指挥。对于一般性案件的抓捕工作，带队领导为指挥员，负责抓捕行动的全权指挥；各小组长为组织的执行层，负责组织所属人员完成指挥员下达的各项任务。对于重特大案件，应成立指挥部，建立三级指挥体系，明确各级指挥员，严格层级指挥。

②协调部门警种，行动步调一致。抓捕工作要协调好各警种、各部门之间的关系，各行动组应根据方案分工及时间节点，统一步调、同步实施，共同完成好各自的工作任务。

③程序有序规范，步骤紧密衔接。各行动组要严格按任务部署采取行动，如控制组、警戒组要对抓捕现场周围的通道、出入口、门窗实施有效控制，形成包围态势；抓捕组应迅速完成对犯罪嫌疑人的控制、制服、上铐、搜身；保障组须立即将车辆开至抓捕现场以便于将犯罪嫌疑人安全押解上车和快速带离。

（2）灵活果断处置。

①核实情况。现场环境及情况往往与事先掌握的情况和确定的方案不完全一样，到达现场后侦查员要做认真细致地观察和核对，并力争尽快做出合理的调整，使工作方案及具体行动与现场情况及环境相对接。

②灵活应变。实施抓捕行动时，现场情况往往会瞬息万变。如犯罪嫌疑人临时改变活动计划、抓捕现场突然出现无关人员干扰等，侦查员要按照原工作方案及预案的原则迅速改变和调整行

动方案并及时上报指挥员和通报有关人员。

③果断处置。当抓捕过程中出现突发情况时，如被犯罪嫌疑人发现、抓捕对象实施暴力行动、劫持人质等，现场侦查员要沉着冷静、灵活应变，按照行动方案的要求，并根据现场指挥员的指令，分工协作、密切配合，在保障自身安全的基础上，果断进行处置。

（3）有效实施控制。

①合理制服。在明确抓捕现场和犯罪嫌疑人的情况下，侦查员进行控制时动作不宜过大，以抓捕对象放弃反抗为目的，不得故意将其伤害，通常是采用手背相对的背铐方法控制嫌疑人。当明确同行人员不是犯罪嫌疑人同伙时，应密切注意对方双手，防止不知情人员干扰民警的抓捕工作；同行人员情况不明时，民警应高度戒备，采用的动作以控制双手为目的。控制现场时既要防止控制对象发生行凶、自伤自残、吞食异物、逃跑等安全事故，又要注意避免控制动作过大，造成控制对象人身伤害或损害人格尊严。

②快速搜身。制服犯罪嫌疑人后，侦查员必须立即对其进行搜身，搜身时可以采用手掌挤压、触摸及掏取等手法。要重点搜查抓捕对象的衣袋、腰部、背部、腋下、裆部、腿部、头部、袖口、口腔、手脚、鞋内等部位。

③有效约束。在制服和搜身行动完成后，仍不能放松警惕，侦查员要严密看管并采取相应措施对犯罪嫌疑人进行有效约束，防止出现意外。

④现场控制。当发现抓捕对象与其他可疑人员混杂一起时，应在亮明警察身份后，迅速制服抓捕对象的同时采取有效措施适度控制其他在场可疑人员。控制现场局面后，要立即核实可疑人员身份，并检查其随身携带的物品。对现场可疑人员核查工作

中，若遇有言语不配合的，侦查员应根据现场情况，对其采取说服教育、讲解法规或口头警告等措施，劝说其配合侦查员的工作。对发现的犯罪嫌疑人同伙、其他案件涉案在逃人员，携带可疑或违禁物品人员、拒不配合核查工作的，侦查员应立即对其予以有效控制并依法进行审查。

（4）安全押解带离。

①准备充分。确定押解路线。如途经拥堵路段，要事先确定备用押解路线，必要时事先与沿线交管部门联系疏导交通；根据工作需要和被押解人数确定押解警力；检查押解车辆、警械、武器、通信设备等，押解车辆应装有护栏并确保车况良好，警用装备能够正常使用。

②有效实施。在执行押解任务时，应注意并做到以下几个方面。

第一，警力配备和车辆分配要求：押解一名违法犯罪嫌疑人，押解侦查员不得少于二人；押解一名重大案件的犯罪嫌疑人，押解侦查员不得少于三人；押解女性违法犯罪嫌疑人，应当有女民警参与执行，押解侦查员不得少于被押解人数的二倍；押解应当分车进行，每车限押解一人，确因特殊困难无法分车押解的，应对被押解人采取"头套"蒙头、地锚固定等安全防范措施；被押解人员为三人以上的（含三人），须由一名现职领导带队执行；押解黑社会性质组织、犯罪集团的主犯、涉嫌危害国家安全犯罪、恐怖犯罪等严重犯罪有被劫夺可能的、涉嫌严重暴力犯罪有脱逃可能的，应当协调武警、特警、刑警持枪押解；押解专用车内不得搭乘与押解工作无关的人员。

第二，执行押解任务的侦查员，应当对被押解人员进行人身检查，防止携带刀具等危险物品；押解刑事犯罪嫌疑人，应当对被押解人加戴手铐、脚镣等械具进行约束。

第三，押解违法犯罪嫌疑人到医院等人群密集的公共场所进行伤情鉴定、检查治疗时，押解侦查员应对其就诊、检查、治疗等全过程跟控，密切注意被押解人的举动，尽量选择人少、远离通道出口的地方候诊，并增加押解警力看管；押解途中如发生交通事故等情况，押解侦查员应加强对被押解人的看管，组织对车辆和现场周围的警戒，防止被押解人趁机脱逃及其他意外事件的发生，并及时向上级领导报告。

第四，押解途中如遇群众围观的情况，押解侦查员应迅速将被押解人员与围观人员隔离，带离现场加强看管，防止发生意外情况，并及时向上级领导报告；遇有长途押解、异地押解或外出工作时间较长情况，押解侦查员应事先准备必要的食品，押解途中禁止带被押解人到餐馆就餐；晚间不得在外住宿，确因工作需要住宿的，须经请示上级主管领导批准后，协调当地监管部门办理临时羁押手续；押解途中，押解侦查员应当保持通信联络畅通，遇有突发紧急情况应当及时向本单位领导报告。

第五，押解工作结束后，押解侦查员应当将押解起止地点、起止时间、押解路线、押解过程等情况形成工作记录备案。

（5）及时突审深挖。

①现场立即突审。犯罪嫌疑人被抓获后，指挥员应根据办案工作需要，及时组织就地进行现场突审或在押解带离的车内进行突审。

②明确突审重点。现场突审时，侦查员要把握问话的重点，在核实被抓获人员身份和问明犯罪基本事实后，对犯罪行为的重点环节进行审查。

③及时反馈情况。现场侦查员要将突审获取的情况立即上报指挥部，以便于及时掌握案件的其他情况，迅速扩大战果，为采取下一步行动提供依据。

（6）收集固定证据。

①封控现场。侦查员要在划定的现场范围内，布置警戒线予以封锁，不许任何非工作人员进入，使现场保持原始面貌，必要时等待刑事技术人员进行处理。

②细致检查。在抓捕现场，侦查员要对可能遗留和藏匿的犯罪证据进行全面细致的查找，不能忽视任何一个场所、区域和地点。

③及时固定。对发现的犯罪证据，侦查员要及时加以固定，严格防止因被破坏而失去证据价值。

④妥善保管。对被发现和已固定的犯罪证据，侦查员在看管和运送过程中要严格按照证据保管要求进行妥善处理。

（7）及时上报情况。

在抓捕工作中，侦查人员使用武器造成犯罪嫌疑人或者无辜人员伤亡的，应立即向本单位报告，由本单位通知当地人民检察院。

（8）快速撤离现场。

①清理抓捕现场。抓捕犯罪嫌疑人后，现场指挥员要及时组织侦查员对抓捕现场进行保护和清理，防止现场遗漏犯罪证据和遭到进一步破坏。

②汇报并请示撤离。待清理现场后，现场指挥员应立即向上级领导报告抓捕行动情况与工作结果，并请求撤离指示。

③清理人员装备。得到上级撤离指令后，现场指挥员要对抓捕工作人员和使用的装备进行认真清理。

④安全迅速撤离。在确认现场清理无误后，现场指挥员组织现场人员安全、快速、有序撤离。

（三）抓捕后期工作程序

1. 妥善处理人员

（1）锁定案件证人。

（2）与知情人保持联系。

（3）有效保护被侵害人。

（4）安抚犯罪嫌疑人亲属。

（5）安置其他相关人员。

2. 总结抓捕工作

（1）总结经验。包括提炼成功经验做法，列入抓捕工作规范，形成典型工作案例，制作工作总结报告等。

（2）查找问题。包括主要及突出的问题，发生问题的原因分析，避免出现问题的对策。

3. 完善工作方案

完善工作方案主要包括组织指挥，协作配合，行动实施，抓捕措施，工作保障等内容。

第三节　室外抓捕行动

室外抓捕行动应结合户外现场的特点，重点分析犯罪嫌疑人的生活习惯和外出规律，掌握犯罪嫌疑人可能途经的区域、场所，提前选择好实施抓捕的具体地点，并安排好警力布控。在实施抓捕行动时，应利用合理的身份作掩护，秘密接近抓捕对象，在亮明警察身份的同时，出其不意地对抓捕对象进行控制，迅速带离现场，尽可能把抓捕行动对周边环境及人员的影响降到最低。

第八章 抓捕战术

一、居民区抓捕行动

居民区抓捕主要是指在公民居住相对密集和封闭的区域对犯罪嫌疑人实施的抓捕行动。居民区抓捕工作主要有如下特点：一是居民区内楼房建筑较为密集，且建筑风格、样式、结构、布局等各不相同；二是一般情况下，居民区内的道路较为狭窄，且错落交叉；三是居民区内多有各类门店及群众活动场所等；四是居民区内居住的人员身份复杂多样，且常有老人、妇女、儿童在室外活动；五是居民区多有围墙或护栏，设有保安管理。另外社区还会组织群众性联防组织。

（一）掌握相关情况

1. 居民区及周围环境

（1）出入口。主要包括居民区出入口的数量和位置，其中包括专供车辆通行出入口，专供人员通行出入口以及人、车都可以通行的出入口情况；门卫值班制度、岗位设置、值班人数、换班时间等；出入口的车辆、人员通过情况以及出入的高峰期时间段；犯罪嫌疑人进出规律及可能在逃脱时被利用的出入区域及封闭口，如居民区的铁护栏、矮墙、绿化带、平时封闭的门道等。

（2）道路交通。掌握居民区内的道路交通情况，包括居民区内的双行道、单行道、人行道、交叉路口、小路等道路设施，以及居民区内的一些道路交通管理规定等。

（3）停车场。掌握居民区内的停车场数量、停车场位置和停车模式（固定停车位、临时停车位），以及停车位离抓捕现场的距离等，以便准确选择停车区域、分散行动、隐蔽进入、蹲守位置和快速到达指定地点，同时也为在停车场实施监控和抓捕犯罪嫌疑人做好准备。

（4）休闲娱乐场所。了解居民区内各种休闲娱乐配套设施、开放时间以及经常活动的人员情况，如室内外运动健身场所、文体活动中心、街心公园等活动场所。

（5）建筑布局及结构。了解居民区楼群整体布局、房屋具体位置及其内部结构等，确保警力及时、准确到达指定地点和位置，采取科学合理的封控方式，避免人员伤亡，同时确保实施抓捕时减少对周边居民的影响。

2. 居民区管理情况

（1）居委会。行动前要详细了解小区居委会管理情况，根据需要通过驻区民警与居委会取得联系，争取居委会的支持和配合。一方面利用居委会及治保积极分子对居民区内人员、车辆较熟悉的优势，为制定抓捕工作方案提供信息和线索；另一方面也避免行动时与居委会发生误会，影响抓捕行动。

（2）保安部门。了解掌握居民区的保安上岗人数、位置、时间和工作职责、工作模式等情况，必要时请他们配合侦查员实施抓捕行动。

（3）物业部门。了解小区物业管理模式，掌握小区物业管理的职责范围和工作内容等，必要时，可化装成物业管理人员实施抓捕行动。

（4）居住情况。要通过社区民警全面了解掌握居民区内的常住人口、暂住人口以及重点人员情况。

（5）监控设施。了解掌握小区周边报警及监控设施，包括监控器的类型和数量、监控器设置的位置、监控的范围，是否能够利用监控设施对目标实施监控及取证等。

（6）服务设施。了解居民区内各种配套服务设施，如学校、幼儿园、饭馆、商店、医务站、洗衣店、美发店、保健室、传达室以及楼宇值班室等服务项目及设施情况，为制定工作方案提供依据。

(7) 其他情况。在合理利用小区居委会、物业公司、保安部门等管理资源的同时,要充分利用居民区内的各种资源,如快递服务、志愿者服务、快餐配送服务、水电气热管理等。

3. 犯罪嫌疑人情况

重点掌握犯罪嫌疑人在居民区内的居住和活动等情况。

(二) 秘密隐蔽进入

(1) 化装进入。由于居民区管理相对封闭,为减小影响,避免引起犯罪嫌疑人的警觉,侦查员可以化装成各种身份进入,如化装成快递公司人员、停车场管理员、送餐人员、工程维修人员、超市送货人员、电梯工、送水工等进入居民区。

(2) 批次进入。抓捕行动需要人员和车辆较多的情况下,人员和车辆应分批次从不同的出入口进入小区,以缩小目标和减少影响。

(3) 掩护进入。抓捕行动尽可能不使用警用车辆,必要时可征用社会车辆,如搬家公司、速递公司、送餐公司、出租公司等部门的车辆作为掩护,秘密进入居民区。

(4) 隐蔽进入。在没有化装和掩护的情况下,抓捕人员应避开犯罪嫌疑人居住房屋窗口的可视区域进入小区,同时,避免在此区域与着装民警、居委会等人员接触。

(三) 现场监视控制

(1) 宜于监控。选择监控点,要求能清楚地观察到犯罪嫌疑人活动及其周边相关的情况,如犯罪嫌疑人居住楼房或活动区域对面的制高点、临近的房屋内、附近的停车场、必经的道路旁等便于观察的场所及地点。

(2) 不易暴露。观察监控点既要便于观察,同时还要注意隐蔽，要充分利用居民区内的地形地物和各种资源，合理掩护身份。

（3）多点设置。为了严密监控和准确分析判断犯罪嫌疑人的活动情况，要在不同部位或同一地点部署两个以上不同角度的观察点，对犯罪嫌疑人实施多角度观察和监控，为指挥员提供准确信息。

（4）便于联络。各观察点的设置要便于相互之间的联络、配合和支援，以及与指挥部之间的密切联系，以确保做到及时、有效地沟通信息和传达行动指令。

（四）严密现场守候

（1）交替守候。进入居民区实施抓捕，多数情况下采用蹲守抓捕形式。侦查员在蹲守时要坚守岗位，为避免长时间守候精力不集中，贻误抓捕时机，应当采用轮班交替守候的形式，确保不出现空岗和在岗失控的情况。

（2）利用监控。侦查员要熟悉居民区内的监控设施及设备性能，行动时要充分利用其对犯罪嫌疑人进行全天候的监控。

（3）录像记录。守候时，在有条件的情况下，侦查员应对犯罪嫌疑人的活动情况进行录像监控，及时采集相关材料和固定证据。

（五）有效实施抓捕

（1）确保安全。实施抓捕时首先要确保现场及周边群众的安全，因此侦查员要选择犯罪嫌疑人的周边人员较少时，在确保不会伤及现场无辜群众的情况下实施抓捕。同时还要考虑到侦查员的自身安全，当现场有施工工具、建筑材料等物品，尽量不选择此处为实施抓捕地，以免其就地取材进行反抗拒捕，伤及侦查员的人身安全。

（2）防止逃逸。实施抓捕行动，侦查员应选择犯罪嫌疑人处在相对便于封控的空间内进行。如居民区建筑物区间、停车场、狭窄甬道等，避免在空旷的公共场所、通道路口较多的地点、周围人员较多的区域、居民区护栏和围墙容易翻越的部位等犯罪嫌疑人容易逃脱的地点及位置实施抓捕。此外，要充分考虑到犯罪嫌疑人对居民区情况熟悉，行动时防止其与侦查员进行周旋后实施逃逸。

（3）减少影响。抓捕行动应选择最佳的时机、方式和场所，避免因抓捕行动影响居民区群众的正常生活秩序，惊吓老人、妇女、儿童，招致媒体采访，以及对其家人、亲友造成不良影响等。如当犯罪嫌疑人与家人、亲友在一起时，侦查员要根据犯罪嫌疑人的性格特点、脾气秉性，酌情确定是否当着他们的面实施抓捕，这样既可避免犯罪嫌疑人因顾及面子而进行反抗，也防止其家人、亲友一时情绪激动进行阻挠，给抓捕工作造成被动。

二、城市街巷抓捕行动

城市街巷抓捕主要是指在街区、街道、胡同及由建筑物和道路构成的相对狭长空间内对犯罪嫌疑人实施的抓捕行动。城市街巷抓捕工作主要特点有三：一是环境特定。街巷一方面具有开放性，与道路、胡同、通道、过街桥等衔接，人员和车辆处于不确定状态，随意流动性非常强；另一方面又具有一定的封闭性，其两侧的建筑物和设施将犯罪嫌疑人及侦查员限定在现场的某个区域内，不便于展开行动，且容易暴露。二是门面房多。街巷周围常设有机关、院校、医院、商店、娱乐场所、摊位以及住户等，这些场所及房屋都可能被犯罪嫌疑人藏身和逃逸所利用。三是人员复杂。在街巷活动的人员具有很大的不确定性，并且其身份极为复杂，犯罪嫌疑人混于其中，给抓捕工作会带来各种各样的困难。

（一）掌握相关情况

1. 街巷及周围环境情况

（1）街巷状况。街巷状况主要包括街巷及道路方位、走向、距离、宽窄、路口和路面等相关情况。

（2）周围环境。周围环境主要包括街巷两侧机关、院校、医院、商店、娱乐场所、摊位、住户等，这些场所内人员活动情况，以及房屋的内部建筑结构和设施等情况。

（3）过街设施。过街设施主要包括街巷间的过街桥、地下通道及其结构，以及人员正常活动的情况等。

（4）交通状况。交通状况主要包括车辆行驶规律、各时段交通流量，以及相关的道路交通设施等情况，如周边停车场和临时停车区。

2. 犯罪嫌疑人情况

重点掌握犯罪嫌疑人在街巷区域的活动规律及特点。

（二）行动任务分工

（1）抓捕警力。要根据街巷及环境和犯罪嫌疑人的情况，按工作方案要求配属抓捕警力。

（2）监控警力。要根据犯罪嫌疑人活动和可能逃跑路线的沿线情况，在街巷两侧的相应隐蔽处、制高点设置观察控制警力。

（3）围堵警力。要根据街巷及环境特点，在街巷两端、路口、过街桥、地下通道、重点单位、商店门道和犯罪嫌疑人可能逃逸利用的部位部署围堵警力。

（4）接应警力。要根据现场环境和工作方案要求，在抓捕现场外围重点部位设置足够的接应警力。

第八章 抓捕战术

（三）现场监视控制

（1）宜于监控。侦查员应选择街巷两旁的高点位置进行观察，如高层建筑、胡同两侧的屋顶、过街桥和事先准备的工作车内，也可选择在犯罪嫌疑人活动区域附近的机关、商店等易于观察控制的位置。

（2）不易暴露。观察监控点既要便于观察，同时还要注意隐蔽，要充分利用街巷的地形地物和相关设施，可利用街边商铺、饭馆、报亭、岗亭、地摊等场所及地点，但设伏观察的侦查员穿着、行为、语言要与观察点环境相适应。

（3）多点设置。由于街巷空间具有狭长的特点，为了严密监控和准确分析判断犯罪嫌疑人的活动情况，侦查员要在不同区域、部位或同一地点部署多个观察点，对犯罪嫌疑人实施多方位、多角度的观察监控。

（4）便于联络。犯罪嫌疑人在街巷的可活动范围较大，各观察点的设置，要满足便于相互之间的联络、配合和支援，各行动组与指挥部之间的密切联系，保证及时有效地沟通信息和传达行动指令。

（四）隐蔽潜入设伏

（1）化装潜入设伏。进入街巷时，侦查员装扮要符合现场环境和人员的活动规律，采取秘密接近的方式，以免提前暴露身份打草惊蛇，如可伪装成居民、顾客、办事人员等身份进入现场。

（2）掩护潜入设伏。在准确掌握犯罪嫌疑人的情况后，现场指挥员应根据抓捕工作方案，安排警力进入现场中心区，如可利用公众通行的方式乘坐公交车、出租车、骑自行车或步行进入抓捕现场。必要时，应采取特定的掩护方式进入现场。

（3）分别潜入设伏。根据案情和犯罪嫌疑人的具体情况，在需要大批警力时，侦查员可利用交通工具或步行，分批、分时、分向到达预定的抓捕现场及其周边地区。

(五) 有效实施抓捕

1. 确保安全

(1) 要选择犯罪嫌疑人周边群众人数较少时实施抓捕，避免犯罪嫌疑人伤害群众、劫持人质或因现场混乱导致踩踏事故等。

(2) 要预防犯罪嫌疑人抢夺交通运输工具驾车逃逸，特别是防止其在逃跑时驾车冲撞无关群众。一般情况下，在街巷不采取公开驾车追击抓捕的方式，如必要时，侦查员在对犯罪嫌疑人实施追击中要特别注意交通安全。

(3) 现场及周边有可供伤人的物品时，尽量不选择此处作为实施抓捕的地点。如现场附近设有饮食排档，档铺内多有刀具或厨具等，如果犯罪嫌疑人就地取材进行反抗和拒捕，会导致伤及群众和侦查员。

(4) 当犯罪嫌疑人逃跑时，侦查员要慎重使用武器，防止误伤周边群众。

2. 防止逃逸

(1) 防止犯罪嫌疑人利用街巷的交叉路口、过街桥和地下通道等处实施逃逸。

(2) 防止犯罪嫌疑人利用院落、房屋有前后门或多个出入口等实施逃逸。

(3) 防止犯罪嫌疑人翻越街巷围墙、居民住房、道路护栏、攀爬树木、灯杆等实施逃逸。

(4) 防止犯罪嫌疑人利用现场混乱、群众拥挤的机会趁乱实施逃逸。

(5) 防止犯罪嫌疑人临时搭乘过路车辆实施逃逸。

3. 快速带离

在抓捕犯罪嫌疑人后，侦查员要快速细致清理现场，收集和固定犯罪证据。同时要在接应警力及押解车辆的配合下，将犯罪嫌疑人快速带离。

4. 减少影响

街巷抓捕行动应选择最佳的时机、方式和地点。抓捕时，侦查员要秘密接近，有效监控，出其不意，一招制敌，抓捕动作尽量小且有效，避免因抓捕行动影响现场公共秩序、招致媒体采访或群众聚集围观，最大限度地减少社会影响。

三、村落抓捕行动

村落抓捕主要是指在农村村庄及院落区域内对犯罪嫌疑人实施的抓捕行动。村落抓捕工作主要有以下特点：一是一般村庄及院落布局随意性较强且大小不一，道路纵横交错，同时周边多有农田、山林、河流、荒地等；二是村落构成多呈开放性，往往进出村落的道路不止一条，并且无专门人员进行看护；三是人际关系复杂，村内各户多有亲戚关系，人员相互之间比较熟悉，来往密切；四是一般多有犬、鹅等动物看门护院。

（一）前期秘密调查

1. 村落情况

（1）出入口。村落的出入口数量、部位及周边环境等。

（2）道路。村落内道路布局、方位走向、宽窄、路况，以及车辆、人员通行情况。

（3）院落。村落内相关院落的整体布局及相互之间的联系。

（4）其他。村落内相关公用设施和村委会的位置等。

2. 院落情况

（1）居住院落。确定犯罪嫌疑人居住或藏身的院落。

（2）院门。包括院门方位朝向、高矮大小、材料结构、门锁情况等，有的院落除设计正门外，还有后门或侧门。

（3）围墙。包括院落围墙建筑材料、高矮及防护措施等。

（4）房屋结构。包括房屋方位朝向、大小间数、材料结构、室内陈设、门窗位置以及彼此间关系等情况。

（5）院内布局。包括院子的面积大小、种植地、物品存放、地窖、卫生间以及人员活动空间等情况。

3. 人员关系情况

主要包括村落住户和居住人员的情况，其中要重点了解和掌握犯罪嫌疑人与其他相关人员之间的关系及熟悉程度。

4. 养犬情况

院落内如果养犬，要重点了解和掌握养犬的数量、品种、习性和看管使用情况。

5. 周边环境情况

主要包括村落外围农田、山林、道路、河流、桥梁等自然环境及道路交通情况。

6. 犯罪嫌疑人情况

重点掌握犯罪嫌疑人居住、藏匿、活动和可能出现的地点，以及嫌疑人的衣貌特征、生活习性、爱好、交通工具、通信工具等情况。

（二）秘密实地侦查

1. 远距离观察

因村落内人员之间较为熟悉，陌生人进入后容易引起注意。

第八章 抓捕战术

在没有完全掌握犯罪嫌疑人活动情况及藏匿地点时，侦查员可采取在村落外远端秘密守候观察的方式进行侦查，以免打草惊蛇。

2. 化装侦查

侦查员可伪装成乡镇干部、小商贩、电路维修人员、开发商、工程测绘人员等身份进入村落实施侦查，化装侦查时要尽量避免与犯罪嫌疑人正面接触。

（三）行动装备保障

（1）抓捕车辆。根据村落环境及道路特点，配备足够的车辆；抓捕车辆应尽量避免使用容易引起犯罪嫌疑人注意的车辆；抓捕车辆性能及车况要求良好，特别是在路况条件较差的情况下，车辆要具备相应的性能。

（2）通信器材。在抓捕行动中，原则上侦查员应使用电台作为通信工具。

（3）其他器材。针对农村院落抓捕的特殊情况，视情携带和使用相关器材。

（四）有效实施抓捕

1. 严密布控

村落具有开放性、环境复杂、出入口多等特点，会给犯罪嫌疑人提供逃逸条件，对抓捕现场外围封控工作带来难度。警力部署有以下要求。

（1）在进出村落的相关道路及路口进行秘密封控。

（2）在相对犯罪嫌疑人居住或藏身的院落外围进行秘密封控。

（3）在连接村落周围便于犯罪嫌疑人逃跑、藏身的相应部位进行秘密封控。

2. 秘密接近

根据实地侦查掌握的情况,选择最佳时机、地点、方式进村并快速到达预伏地点。工作有以下要求。

(1) 分批、分点、分时秘密进入。

(2) 化装得体,言行及着装符合装扮的身份特点。

(3) 随时保持与现场指挥人员的联系。

(4) 熟悉和遵守当地村落的风俗民情。

3. 抓捕方式

(1) 守候抓捕。是指侦查员在不便于进入村落、院落、房间等环境实施抓捕的情况下,在相关区域秘密设伏,待犯罪嫌疑人出现时实施的抓捕行动。

(2) 调离抓捕。是指侦查员采取利用各种关系和制造事由的方式,将犯罪嫌疑人诱出,在安全区域实施的抓捕行动。

(3) 适机抓捕。是指侦查员利用村落内适合的场所及地点,选择犯罪嫌疑人就餐、约会、购物等有利时机实施的抓捕行动。

(4) 院落抓捕。是指侦查员在明确犯罪嫌疑人的藏身地,同时具备院落内抓捕条件的情况下,强行破门或跃墙进入实施的抓捕行动。其工作要求:行动前对整个院落实施严密封控;防止院内的犬干扰抓捕行动;破门或跃墙进入动作要快,确保警力能够立刻控制住犯罪嫌疑人;对院落及房间内的凶器、工具进行有效控制,防止犯罪嫌疑人就地取材实施反抗和拒捕行凶。

4. 迅速带离

犯罪嫌疑人被抓捕后,应以最快的方式将犯罪嫌疑人带离现场,远离村落。其工作要求:接应押解的车辆要迅速隐蔽到位;在押解带离车辆的前后部署警戒;选择合理的带离路线,避免惊动其家人和村民;带离时对犯罪嫌疑人进行严密控制,防止其大声呼喊。

四、野外抓捕行动

野外抓捕是指远离市区的室外空旷地带,如田野、山川、丛林等地域对犯罪嫌疑人实施的抓捕行动。野外抓捕工作主要特点有三:一是野外抓捕现场非常开阔,区域大且开放性强;二是受区域和警力的限制,对抓捕围控工作会带来较大的难度;三是由于野外抓捕现场环境多变、地形地物多样等因素导致情况复杂。

(一)掌握相关情况

(1)现场地貌。主要包括现场方位、范围、地形、地物等。

(2)气候环境。主要是指对抓捕工作有可能带来影响和制约的天气情况,包括气温、雨、雪、风、雾等情况。

(3)道路交通。主要包括现场及其周边道路、桥梁、隧道、涵洞、停车场、车站、码头、检查站以及交通流量等。

(4)生存条件。主要是指对抓捕工作及犯罪嫌疑人藏身带来影响和制约的特殊野外生存条件,如存在水源缺失、食物无法供给、高原缺氧、高寒风雪袭人、沼泽地带等情况。

(5)犯罪嫌疑人。重点掌握犯罪嫌疑人活动规律,其随身携带的凶器、武器以及交通工具等可能会对抓捕工作带来的危险情况。

(二)抓捕装备保障

1. 抓捕车辆

(1)根据野外环境、道路情况和抓捕要求,配备足够的车辆。其中包括指挥、跟踪、通信、照明、运输等车辆。

(2)应使用地方牌照的车辆。

(3)车辆性能及车况应保持良好并适合现场环境。

2. 通信器材

在抓捕行动中，原则上侦查员应使用电台作为通信工具。

3. 武器装备

野外抓捕行动，侦查员应准备所需的武器装备，包括杀伤性和非杀伤性武器（网枪、防暴枪等）。

4. 观察设备

为便于远距离观察和夜间观察，应装备高倍望远镜和红外夜视仪等观察设备。

5. 定位器材

为在野外空旷现场辨认方位，侦查员应准备 GPS 定位仪、指北针和地图等定位器材。

6. 警犬配合

在行动中，侦查员可在警犬队的配合下组织实施野外抓捕。

7. 后勤保障

由于野外抓捕行动范围大、人员多、持续时间长，必须做好相应的后勤保障工作。

（三）有效实施抓捕

1. 守候抓捕

当犯罪嫌疑人藏身地点不确定和不适合采取其他方法时，侦查员应选择在犯罪嫌疑人逃跑的必经之路或途经地点，如公路、小道、涵洞、隧道、桥梁、车站、码头、检查站等处秘密蹲守，当犯罪嫌疑人出现时迅速实施抓捕。

（1）全面熟悉现场、周围环境及其地形地物的相关情况。

（2）制定现场守候抓捕工作方案，明确守候抓捕地点和方式及任务分工。

第八章 抓捕战术

（3）抓捕队组要与指挥部及队组相互之间保持通信联络畅通。

（4）侦查员应选择合理的蹲守地点，守候时注意力要高度集中。

（5）蹲守时，侦查员要注意行动隐蔽，不能提前暴露抓捕意图和侦查人员身份。

（6）当需要长时间蹲守时，安排和设计好蹲守交接岗方式，防止出现失控情况。

2. 跟踪抓捕

当明确犯罪嫌疑人逃跑方向并同时具备追踪痕迹及嗅源时，侦查员可在警犬队的配合下，利用警犬采取循踪、接踪、圈踪等方式实施跟踪抓捕。

（1）循踪。即侦查员携警犬利用犯罪嫌疑人逃跑遗留的足迹、血痕、擦蹭、拖带和气味等线索，循迹追踪，直至发现和抓捕犯罪嫌疑人的方法。

（2）接踪。即在跟踪过程中，出现了痕迹、气味等突然消失时，侦查员携警犬采取以失踪处为起点，向前、向左、向右适当扩大范围进行搜索，待发现新的踪迹后继续追踪的方法。

（3）圈踪。即由于特殊的现场环境的制约或犯罪嫌疑人的伪装、破坏销毁踪迹，如在追踪过程中遇到河流、桥梁、道路等原踪迹消失，或在长距离和大范围内发现不了踪迹，此时可采取跳跃式、分区式、分段式的搜索追踪的方法。

3. 围歼抓捕

在大范围野外现场，当犯罪嫌疑人逃跑方向或藏身区域明确，同时警力充足的情况下，现场指挥员可组织有针对性的围歼抓捕。

(1) 制定详细的现场抓捕工作方案，确定围捕方式，明确任务分工。

(2) 围捕警力要根据抓捕工作要求，配备枪支、通信、照明等装备器材。

(3) 在有条件的情况下，各抓捕队组应配备警犬。

(4) 抓捕队组要与指挥部及队组相互之间保持通信联络畅通。

(5) 在围捕搜索时，各队组要明确工作范围、保持行动队形、梯次实施搜捕、警力相互衔接，避免在工作结合部失控，造成犯罪嫌疑人的逃逸。

(6) 抓捕行动中，应强化侦查员的安全防范意识，注意行动隐蔽、相互交替掩护、禁止单独行动，防止犯罪嫌疑人袭警。

第四节 室内抓捕行动

室内抓捕行动，应合理部署警力，对房间的出入口（门、窗、楼道、电梯等）要安排警力控制，以防止其逃跑、丢弃、毁灭证据或外人进入现场。在抓捕行动实施以前，应当配备好足够的枪支弹药、警械、通信设备、防护用具、破门工具、照明器材等相关装备。进入室内，原则上应尽量避免强行突入室内抓捕犯罪嫌疑人。抓捕民警可以选择合适的借口或合理的身份，诱骗室内人员打开房门；确实需强行突入室内的，要准备适当的破门工具，保证在最短的时间内进入室内；进入室内后，要亮明警察身份，采取有效措施控制现场局面，迅速核实在场人员基本情况；遇有暴力抗拒的，应依法果断使用警械、武器；捕获犯罪嫌疑人后，要对室内进行细致检查，保全和固定犯罪证据。

第八章 抓捕战术

一、 居民楼内抓捕行动

居民楼内抓捕主要是指在居民住宅楼及楼梯、楼道、电梯间等区域内对犯罪嫌疑人实施的抓捕行动。居民楼内抓捕工作主要有以下特点：一是封闭性强，居民住宅楼多安有防盗门，不利于侦查员轻易进入室内抓捕；二是居民楼的外部环境、车场环境、楼道环境和电梯环境等都非常复杂；三是楼内居住的居民较多，其活动规律不易掌握；四是犯罪嫌疑人屋内的不确定因素很多，可作为凶器的物品随手可用，会给抓捕工作造成困难和危险。

（一）掌握相关情况

1. 居民楼及周围环境

（1）居民楼。主要包括居民楼方位、结构、门牌、楼层、楼道、电梯间、地下室、地下停车场等情况。

（2）房间。主要包括房间结构、布局、门（是否安装防盗门、门镜）、窗及室内陈设，以及家内饲养宠物等情况。

（3）周围环境。主要包括小区环境、出入口、停车场，以及居民楼附近公共设施及楼顶等情况。

2. 现场相关人员

（1）犯罪嫌疑人。主要包括犯罪嫌疑人的自然情况和犯罪活动情况，如心理特征、技能特征、携有的凶器或危险物品、反抗和拒捕倾向等，特别是犯罪嫌疑人居住的相关情况，如房间主人、居住时间、居住人员及其活动情况等。

（2）居住其他人员。居住在室内的其他人员情况，如犯罪嫌疑人的亲属、朋友、同租人、保姆等。

（3）管理人员。主要包括小区和负责楼层的物业、保安、清洁工等人员的情况。

（二）现场监视控制

1. 现场监视

根据现场及周围环境，侦查员要在相应的部位、角度设置观察点对犯罪嫌疑人的活动情况进行监控，如在楼门外、楼道处、电梯旁，以及便于观察的其他位置。

2. 现场布控

侦查员要在犯罪嫌疑人所居住的楼房附近进行布控，预防犯罪嫌疑人逃逸、抛赃和防止无关人员干扰抓捕行动。

（1）在楼门外进行现场布控。

（2）在房门外进行现场布控。

（3）在楼道、电梯间附近进行布控。

（4）在房间的前后窗的相应部位进行布控。

（三）迅速进入房门

1. 时机选择

在犯罪嫌疑人未察觉的情况下进行；在楼道内没有无关人员的情况下进行；在抓捕警力及装备全部到位的情况下进行。

2. 方式选择

根据现场及环境情况，应优选进入房门的方式。

（1）骗门。侦查员可以化装成送报纸、送牛奶、送货、送水人员和物业、维修人员等方式敲门进入。

（2）诱门。侦查员可以采取断水、电、气、热或挪车等方式引诱犯罪嫌疑人自己开门后趁机突进。

（3）候门。侦查员可以采取外围蹲守，等候犯罪嫌疑人因故外出趁机突进。

（4）破门。侦查员在不得已和确保安全的情况下，可以采取使用选配钥匙和强行破门的方式进入。但要了解掌握房门结构特点，如门的开启方向，是采用踹、撞、砸等人工方式还是采用机械或技术手段开启；了解锁制状态，如房门是明锁还是暗锁、是否处在上锁状态等。

3. 行动要点

（1）行动要隐蔽，防止犯罪嫌疑人通过门镜或监视器观察到抓捕行动。

（2）对现场进行严密布控，防止采取行动时同楼的居民或无关人员进入现场控制区域。

（3）无论采取何种方式进入房间，动作要稳、准、快，确保一次成功。

（4）进入室内要防止饲养的犬扑咬干扰。

（5）一旦出现意外情况，要及时报告指挥员和通报其他警力。

（四）有效实施抓捕

1. 快速进入

房门打开后，抓捕手要以最快的速度进入。应当注意如下情况。

（1）防止犯罪嫌疑人已察觉，预先设伏。

（2）防止开门者不是犯罪嫌疑人，因抓错人而惊动室内犯罪嫌疑人。

（3）防止因对室内情况不熟悉，延误战机。

2. 跟进掩护

抓捕手进入后，其他警力快速有序跟进。

（1）事先进行分工，明确各自职责。

（2）对现场相应部位及危险物部署现场警戒。

（3）安排警力对房门外及楼道进行控制。

3. 现场控制

（1）在第一时间判明抓捕对象所在位置，迅速上前控制住犯罪嫌疑人的双手，完成上铐搜身。

（2）对室内的所有人员进行分开隔离控制。

（3）对室内的危险部位及犯罪物证进行严密控制。

（4）防止犯罪嫌疑人跳窗逃跑、自杀、自残和劫持人质。

（五）现场后期处置

1. 现场搜查

将犯罪嫌疑人制服控制后，要组织人员对现场进行认真、全面、细致的搜查，及时搜缴各种犯罪证据。根据需要，侦查员应在保护现场的同时配合技术人员进行现场勘验。

2. 安全带离

楼道空间狭小，押解带离要注意安全；押解带离过程中，要安排警力进行警戒；防止现场无关人员的干扰和围观。

3. 后期处置

押解带离犯罪嫌疑人后，要对现场进行清理和恢复，对现场犯罪嫌疑人亲属说明情况，对现场其他无关人员和因抓捕行动受到影响的周围群众及时做好解释工作。

二、办公楼内抓捕行动

办公楼内抓捕主要是指在办公楼房间及楼梯、楼道、电梯间等区域内对犯罪嫌疑人实施的抓捕行动。办公楼内抓捕工作主要有以下特点：一是形式多，格局复杂，既有独立的小型办公楼，也有商住一体，与酒店、商场等联体的综合性大型办公楼；二是人员多,身份复杂,一般情况下,特别是在办公期间办公楼内人员多而密集,并且人员身份也非常复杂;三是空间小,情况复杂,通常办公楼的房间内空间面积狭小,室内办公设施、家具、物品陈设、摆放拥挤。

(一) 掌握相关情况

1. 办公楼及周边环境

(1) 办公楼布局。主要包括办公楼方位、范围、格局、结构和楼梯、楼道、紧急通道、电动滚梯、电梯间、地下停车场等。

(2) 办公楼出入口。主要包括出入办公楼的大门及通道和该公司、单位使用的房门及通道。

(3) 办公楼房间。主要是指犯罪嫌疑人活动使用房间内的房屋结构和门窗结构等相关情况。

(4) 办公楼周边环境。主要包括办公楼外围的建筑设施及环境,如商店、超市、摊位、餐厅、娱乐场所等,以及道路、车站、过街桥、地下通道和交通状况。

2. 相关人员情况

(1) 犯罪嫌疑人。主要包括犯罪嫌疑人的自然情况和犯罪活动情况,如心理特征、技能特征、携有凶器或危险物品、反抗和拒捕倾向等。特别是犯罪嫌疑人在办公楼的相关情况,如工作性质、担任职务、房间位置、同室人员及活动规律特点等情况。

(2) 相关人员。主要是指犯罪嫌疑人所处的房间及比邻房间的无关办公人员的相关情况,如与犯罪嫌疑人的关系、熟悉程度和活动规律特点等。

3. 内部管理情况

(1) 物业管理。主要包括入住办公楼内公司或单位、办公人员、保洁人员等相关情况。

(2) 保安管理。主要包括办公楼的保安主管部门、保安人员、工作职责、安保岗位、换岗时间、使用证件、夜间巡视，以及各区域门禁管理和门锁等情况。

(3) 监控管理。主要包括办公楼监控器安装数量、部位和使用与管理情况。

(二) 现场监视控制

1. 现场监视

根据现场及周围环境，侦查员要在相应的区域、部位、角度设置观察点对犯罪嫌疑人的活动情况进行监控。在监控时，侦查员要充分利用办公楼的监控设施组织实施现场监视工作。

(1) 对办公楼大门及通道进行现场监视。

(2) 对办公楼室外和地下停车场进行现场监视。

(3) 对犯罪嫌疑人室内活动区域和可能逃跑的重点部位进行现场监控。

2. 现场布控

侦查员要在犯罪嫌疑人所处房间的附近进行布控，预防犯罪嫌疑人逃逸、抛赃和防止无关人员干扰抓捕行动。

(1) 在犯罪嫌疑人单位门外的楼层、楼道、电梯间、外挂楼梯等部位进行现场布控。

(2) 在犯罪嫌疑人单位房间窗户外相应部位进行现场布控。

(3) 在犯罪嫌疑人单位房间通往办公楼的楼顶相应部位进行现场布控。

(4) 在办公楼的外围门区、通道、停车场等部位进行现场布控。

第八章 抓捕战术

（三）有效实施抓捕

1. 秘密贴近

抓捕行动前，侦查员要采取最佳时机和适当方式秘密贴近犯罪嫌疑人。主要贴近方式如下。

（1）化装成办公楼的物业、保安、清洁工等人员身份秘密贴近。

（2）化装成联系业务的人员秘密贴近。

（3）化装成上级业务主管部门检查工作秘密贴近。

（4）通过公司或单位内部人员掩护秘密贴近。

2. 贴近要点

行动要点如下。

（1）贴近时要选择合理的隐蔽位置。

（2）贴近要分时、分批、分点逐步到位。

（3）贴近时，警力联系要尽量使用手语和暗号。

（4）贴近警力要与化装人员的身份相吻合。

（5）贴近警力要注意相互掩护。

（四）适时抓捕

（1）要尽量选择在犯罪嫌疑人的房间内没有无关人员时采取突然行动。

（2）要尽量选择在犯罪嫌疑人临时走出房门时采取突然行动，如出门上卫生间、打水等机会。

（3）要尽量选择在犯罪嫌疑人远离室内危险物品的情况下采取突然行动。

（4）要尽量选择在犯罪嫌疑人所处的空间位置适合抓捕行动的时机采取突然行动。

（5）要尽量选择在犯罪嫌疑人的房门处于打开状态下采取突

然行动。

（五）现场控制

（1）要迅速上前控制住犯罪嫌疑人的双手，完成上铐搜身。

（2）要将室内的所有人员分开隔离控制。

（3）要防止犯罪嫌疑人跳窗逃跑、自杀、自残和劫持人质。

（4）要将现场房间进行封控，不准无关人员进入。

（六）押解带离

（1）完成抓捕行动后，要迅速将犯罪嫌疑人秘密带离办公楼。

（2）押解带离办公楼时，要选择安全稳妥的行进路线，同时部署警力进行警戒。

（3）押解带离过程中，要防止单位人员的纠缠和现场无关人员的干扰。

（4）押解带离时，尽量避免现场群众的围观。

（七）后期处置

押解带离犯罪嫌疑人后，要对现场进行清理和恢复。同时要对现场犯罪嫌疑人所在单位领导说明情况，对现场因抓捕行动受到影响的无关人员及时做好解释工作。

三、宾馆客房内抓捕行动

宾馆客房内抓捕主要指对宾馆、饭店、酒店、商务会馆等（以下统称宾馆）客房内的犯罪嫌疑人实施的抓捕行动。宾馆客房内抓捕工作主要有以下特点：一是住宿人员复杂，宾馆客房住宿人员的情况非常复杂，而且流动性非常强；二是客房结构多样，宾馆客房内部结构多种多样，室内设施及陈设各不相同，即使是同一宾馆、同一楼层都可能结构不同；三是宾馆环境各异，由于宾馆内建筑物、服务设施及通道多而复杂,会影响对犯罪嫌疑人的有效控制。

(一)掌握相关情况

1. 宾馆情况

(1)建筑格局。宾馆的方位、面积范围、主体建筑及各接待、活动、消费场所的情况。

(2)场所设施。主要包括宾馆出入口、大厅、客房、餐厅、操作间、娱乐区、楼道、电梯、管道、消防通道等场所的基础信息,其中重点是与犯罪嫌疑人活动相关的场所情况。

2. 客房情况

(1)楼层位置。客房位置及与楼道、电梯、外挂楼梯的相对位置。

(2)房屋结构。客房空间和建筑格局及建筑材料等。

(3)内部陈设。客房室内电器设备、家具陈设等。

(4)使用管理。客房日常使用和管理的相关情况。

3. 环境情况

主要包括周边建筑,街区道路,服务设施,交通状况等情况。

4. 管理情况

(1)入住管理。与抓捕工作相关的宾馆人员入住的情况。

(2)安保管理。宾馆内部的保安人员、职责、岗位及履职情况。

(3)监控设备。宾馆监控设备的安装和使用情况。

(4)活动组织。主要指宾馆组织活动的情况,如是否安排会议、宴请、婚礼、店庆等活动。

5. 人员情况

（1）犯罪嫌疑人。主要包括犯罪嫌疑人及其登记入住的房间、房间居住的人数、居住的规律特点等情况。

（2）入住人员。包括入住犯罪嫌疑人所在楼人员，同楼层入住人员，相近时间入住人员情况。

（3）接触人员。与犯罪嫌疑人有过接触的人员。

（4）服务人员。包括犯罪嫌疑人所在楼服务的人员，如保安、客房服务员、保洁员、电梯工、维修人员等。

（二）行动任务分工

1. 现场监控

主要对宾馆大门、服务大厅进行监控；对楼道、楼梯、电梯间进行监控；对犯罪嫌疑人的房间进行监控；对相关房间及场所进行监控。

2. 突进抓捕

主要做到制定入室抓捕的具体行动方案；确定进入房间的形式与方法；实施入室后对犯罪嫌疑人的制服控制。

3. 外围警戒

重点注意防止无关人员对抓捕工作的干扰；防止与外部犯罪嫌疑人的联络；防止犯罪嫌疑人闯门、跳窗逃跑；确保侦查人员的行动安全。

4. 接应机动

主要任务是配合押解带离犯罪嫌疑人；协助现场后期搜查；应对现场突发事件。

第八章　抓捕战术

（三）有效实施抓捕

1. 选择抓捕时机

（1）在确定犯罪嫌疑人的具体位置后实施抓捕。

（2）在犯罪嫌疑人没有察觉和思想准备时实施抓捕。

（3）在客房区无其他人员或没有干扰的情况下实施抓捕。

（4）在现场抓捕警力全部准备到位后实施抓捕。

2. 突击进入房间

（1）可利用服务员以客房服务为由趁机进入，如查房、送水、送餐、打扫卫生、维修等方式。

（2）可利用宾馆通用钥匙开门进入。

（3）可利用犯罪嫌疑人的熟人关系骗门进入。

（4）可采取化装的方式骗门进入。

（5）可采取破门的方式强性行进入。

3. 实施有效抓捕

（1）防止暴露。行动前接近房门时注意躲开门镜、动作轻小、避免对话，防止被犯罪嫌疑人察觉。

（2）有序进入。明确警力进入的方式和先后顺序，防止因空间狭小影响进入速度或受伤。

（3）快速低姿。要以最快的速度进入房间，身体姿势要放低，并准确判明犯罪嫌疑人所在位置。

（4）有效控制。发现目标后，抓捕手先迅速控制住犯罪嫌疑人的双手，随即约束搜身。

（5）迅速跟进。后续警力快速进入房间进行协助和警戒。

（6）分别看押。对室内所有人员要进行分开看押，一是防止袭警；二是防止犯罪嫌疑人劫持人质；三是防止串供。

（7）如选择破门进入，要充分掌握房门的性能和结构，考虑到房门上是否有挂链。

(8) 出现突发情况及时通报指挥员和其他警力。

4. 押解带离现场

抓捕到犯罪嫌疑人后，要在接应警力的配合下迅速将其带离宾馆。

(1) 事先确定好押解带离的路线。

(2) 押解带离车辆提前在楼外准备到位。

(3) 避免无关人员干扰和群众围观。

四、独门独院内抓捕行动

独门独院内抓捕主要是指对在城区独立门户的平房、四合院、别墅、临建房等区域内犯罪嫌疑人实施的抓捕行动。独门独院内抓捕工作主要有以下特点：一是房屋结构较复杂。独门独院的房屋结构复杂多样，不可能完全统一，特别是房屋结构难以全面了解，而犯罪嫌疑人熟悉房屋结构，易藏匿、逃逸等。二是反抗拒捕凶器多。院内会存有各种物体、器械、工具等，都可能被犯罪嫌疑人作为反抗拒捕的凶器。三是易受到各种干扰。独门独院的抓捕场所人员、环境、物品等不易掌握，多为犯罪嫌疑人或其关系人的居住地，在抓捕过程中容易受到其亲属及其关系人的阻碍和干扰。

(一) 掌握相关情况

1. 院落情况

(1) 建筑格局。院落的方位、范围，主体建筑的布局等。

(2) 附属设施。院落内建筑的储物间、厨房、凉棚、停车房、地下室、地窖、庭院等相关场所及设施情况。

(3) 出入通道。院落的出入通道、路线及门窗等情况。

(4) 养犬情况。院落内及其周边院落是否养犬。

2. 房屋情况

主要包括房屋结构，内部陈设，使用情况等。

3. 环境情况

（1）周边建筑。重点掌握抓捕现场与周边院落的比邻情况，犯罪嫌疑人可能借助逃跑的周边建筑物等。

（2）街区道路。重点掌握院落门、窗临街区的道路情况，为控制犯罪嫌疑人逃逸和对犯罪嫌疑人押解带离提供依据。

（3）服务设施。重点掌握院落附近的服务设施，如商店、饭店、报摊、市场、修车点等，可提供监控的掩护。

（4）交通状况。重点掌握与犯罪嫌疑人活动相关的停车及逃跑路线相关的交通状况。

4. 人员情况

（1）犯罪嫌疑人。犯罪嫌疑人及其居住和活动的规律特点。

（2）同住人员。与犯罪嫌疑人同时在院内居住的相关人员情况。

（3）其他人员。经常或近期在院内活动的人员，如亲属、保姆、朋友、邻居、租住人员等情况。

（二）行动任务分工

1. 现场监控

（1）对院落人员出入情况进行监控。

（2）对犯罪嫌疑人在院落内活动情况进行监控。

（3）对院落内其他人员活动情况进行监控。

（4）对院落相关房间及场所进行监控。

2. 突进抓捕

（1）制定入院抓捕的具体行动方案。

（2）确定突入犯罪嫌疑人房间的形式与方法。

（3）实施入室后对犯罪嫌疑人的制服、控制。

（4）明确对院落其他人员的控制措施。

3. 外围警戒

对院落周边实施控制，有效发现和制止无关人员进出院落，防止犯罪嫌疑人逃跑或销毁证据。

（1）院落出入口。对院落的各门进行严密布控，防止犯罪嫌疑人强行闯门逃跑。

（2）院落围墙周边。一般院落的围墙不是很高，在围墙周边部署警力，防止犯罪嫌疑人跳墙逃跑。

（3）院落房屋窗外。有的院落房间窗户位置属临街，可以直接通向院外，要在窗外部署警力，防止犯罪嫌疑人跳窗逃跑或销毁证据。

4. 接应机动

（1）配合押解带离犯罪嫌疑人。

（2）协助对犯罪现场的后期搜查。

（3）对现场突发事件进行处置。

（三）有效实施抓捕

1. 选择战机

（1）在确定犯罪嫌疑人的具体位置后实施抓捕。

（2）在犯罪嫌疑人没有思想准备时实施抓捕。

（3）在院内无其他人员干扰的情况下实施抓捕。

（4）在现场抓捕警力全部准备到位后实施抓捕。

2. 进入院落

（1）化装进入。可化装成查水电、入户调查、打听事、上门服务等人员身份进入院落。

（2）协助进入。可跟随居委会、居住人员所属单位等有理由进入院落的人员进入院落。

（3）翻越进入。翻越进入院落应注意：防止监控器报警；防止犬进行扑咬；防止翻越时摔伤。

3．突入房间

（1）明确犯罪嫌疑人所处的房间、位置、屋内设施。

（2）熟悉院落各房间的位置及通道。

（3）掌握房间房门的开关及结构情况。

（4）清楚犯罪嫌疑人所处的房间内的人员情况。

（四）有效控制

（1）发现目标后，抓捕手先迅速控制住犯罪嫌疑人的双手，随即约束搜身。

（2）后续警力快速进入房间进行协助和警戒。

（3）将犯罪嫌疑人控制在房间内的合理位置。

（4）把犯罪嫌疑人与房间内危险物品有效隔离。

（5）出现突发情况及时通报指挥员和其他警力。

（6）防止犯罪嫌疑人发生袭警、逃跑、自杀、自残等情况。

（五）迅速安全撤离

（1）犯罪嫌疑人被抓捕后，接应组应快速到位。

（2）合理选择押解带离犯罪嫌疑人的方式、路线。

（3）防止发生相关人员围堵、攻击等情况。

五、娱乐场所内抓捕行动

娱乐场所内抓捕主要是指在歌厅、迪厅、酒吧、网吧、洗浴等文化娱乐活动场所对犯罪嫌疑人实施的抓捕行动。娱乐场所内抓捕工作主要有以下特点：一是人员复杂，娱乐场所消费的人员多且非常复杂，各种身份、职业、年龄、性格的人都有；二是环境复杂，娱乐场所建筑结构及相关环境复杂，场所内通常有大厅、包房、舞厅、浴室、更衣室、健身房、棋牌室、游戏厅、网络间等多种娱乐项目，房屋建筑的结构也比较复杂，方位不规则、出入口多、通道交织，房门比邻、电梯楼梯并用且可能设计有秘密通道，部分服务消费区照明灯光较为昏暗等；三是情况复杂，如犯罪嫌疑人混杂在娱乐消费人员之中，娱乐消费人员不固定且流动性强，场所管理人员不愿暴露违法问题等。

（一）掌握相关情况

1. 犯罪嫌疑人情况

主要包括犯罪嫌疑人基本情况、违法犯罪活动规律及特点、在场所的娱乐消费方式等情况。其中，要重点掌握犯罪嫌疑人有无犯罪前科，对场所的熟悉程度，是否具有暴力犯罪倾向，反抗和拒捕能力及程度，有无携带枪支、爆炸物、易燃物等突出情况。

2. 抓捕现场情况

（1）场所结构。主要是娱乐场所内部房屋建筑及设施的结构布局情况，如场所的出入门、大厅、楼道、电梯间、娱乐区域及房间等，特别是要掌握场所内是否设计有秘密通道，有无放哨和通风报信的人员等。

（2）周围环境。主要包括现场周围建筑物、公共设施和道路、街区、摊位、车站、停车场及交通流量等情况。

3. 场所管理情况

（1）经营业务。主要包括经营项目、范围、方式、规模、管理及消费等相关情况。

(2) 保安人员。主要包括保安人员数量、工作职责、岗位位置、着装特征及装备等情况。

(3) 服务人员。主要包括场所服务人员人数、工作职责、岗位位置及职守等情况。

(4) 消费人员。主要包括场所内消费人员数量、消费活动项目及其分布等情况。

(5) 监控设备。主要包括场所内监控设备的位置、监控室的位置和使用等情况。

(二) 实地踏勘调查

1. 化装侦查

在行动前，侦查员可化装成消费者进入场所实施侦查。

(1) 进入场所时不要穿戴透露公安人员身份的服饰，如警用腰带、皮鞋、衬衣、背心、毛衣、领带等。

(2) 使用的车辆不能带有警用标识，如牌照、车证、徽章等。

(3) 化装侦查时应注意方式方法，不能暴露工作意图。

2. 制作现场图

现场图要尽量详细、准确，包括场所布局结构和房间、楼梯、电梯、通道的位置，以及犯罪嫌疑人所在娱乐消费场所的相关部位等。

3. 形成抓捕方案

侦查工作完成后，按工作要求研究制定抓捕工作的具体实施方案。

(三) 行动任务分工

1. 现场布控

(1) 场所外围布控。场所外围布控，主要包括对场所门区及外部控制；对犯罪嫌疑车辆及停放车场控制；外围观察和制高点控制；其他相关部位的控制。

①根据犯罪嫌疑人和出入口数量，在相应部位部署警力，其中娱乐场所的出入口和车辆及停车场是布控工作的重点。

②外围布控警力要注意行动隐蔽，避免提前暴露抓捕行动意图。要注意切断犯罪嫌疑人的内外联系，以防其通风报信。

③在控制过程中，各部位的警力要时刻保持联系，确保行动通信联络的畅通。

（2）中心现场布控。中心现场布控，主要是指对娱乐场所营业大厅的控制，各楼梯、电梯间、走廊通道的控制和对犯罪嫌疑人所在娱乐消费活动场所及房间的控制。

①要分批、多点、化装、隐蔽进入现场。

②注意切断犯罪嫌疑人之间、犯罪嫌疑人与场所工作人员、犯罪嫌疑人与外部的通信联系。

③避免与场所保安人员发生纠缠和冲突。

④控制警力要与指挥人员和外围布控警力保持密切的联系。

⑤根据需要，适当安排女侦查员对女性服务区进行有效控制。

2. 机动警力部署

机动警力主要负责外围跟进、带离接应、现场取证和处突处置等项工作任务。

（四）有效实施抓捕

1. 确保统一行动

（1）抓捕行动警力必须明确任务和分工。

（2）由指挥员统一下达指令，行动要求步调一致。

（3）明确行动的联络通信方式，如事先确定电台使用的频点、选择行动的手语和暗号等。

2. 迅速实施抓捕

（1）确认对象。行动前，须迅速确认抓捕对象及人数，防止错抓和漏抓。

（2）防止干扰。行动中，一是防止犯罪嫌疑人同伙的干扰；二是防止场所保安或管理人员的干扰；三是防止现场无关人员的干扰，侦查员要将现场娱乐消费的无关人员迅速隔离，将犯罪嫌疑人与同伙进行隔离控制，同时封闭抓捕现场。

（3）控制照明。行动中，侦查人员要掌控场所的照明设施，以防突然断电妨碍抓捕工作，导致犯罪嫌疑人乘机逃跑。必要时，应携带应急照明装备。

（4）迅速抓捕。充分利用现场的地形地物，选择最佳时机，采取有效方法迅速抓捕犯罪嫌疑人。

3. 警力快速跟进

犯罪嫌疑人被制服控制后，外围接应警力快速跟进，配合抓捕行动组做好约束抓捕对象、收集现场证据、实施押解带离等工作。

（五）后期处置工作

抓捕行动结束后，侦查人员要向场所管理人员表明警察身份，说明在执行公务。必要时，向受到影响的无关娱乐消费人员做好解释工作。

第五节　交通工具上抓捕行动

抓捕行动，原则上应尽量避免对机动车上的犯罪嫌疑人实施抓捕。若现场情况紧急，必须对机动车上的犯罪嫌疑人实施抓捕时，应选择车辆在停驶状态下进行。当车辆处于行驶状态时，可以对犯罪嫌疑人的车辆进行跟踪，待犯罪嫌疑人离开机动车或机动车处于停驶状态时，再实施抓捕行动，但当车内情况不明时，严禁实施抓捕。实施抓捕行动时，严禁在公共场所、繁华街区等可能危及公共安全的区域追击抓捕对象驾乘的车辆。

一、对驾驶机动车人员的抓捕行动

对驾驶机动车人员抓捕主要是指对驾驶普通机动车辆（含犯罪嫌疑人指使他人驾驶）的犯罪嫌疑人实施的抓捕行动。因车上抓捕比车下抓捕不确定因素更多，也更危险，原则上应避免在机动车上对犯罪嫌疑人实施抓捕。若现场情况紧急，必须在机动车上对犯罪嫌疑人实施抓捕时，应在保证车上人员、抓捕民警及周边群众的生命、财产安全的情况下进行。对驾驶车辆犯罪嫌疑人抓捕行动具有以下主要特点：一是机动性强。犯罪嫌疑人驾驶机动车具有较强的机动性，特别是在熟悉车辆性能和环境的情况下更为突出。二是不便观察。实施抓捕行动时，不便于侦查员对车内人员活动情况进行有效观察，在空间上受观察点的位置限制，出现由外向内的观察死角；在时间上受车辆行驶速度快的限制，导致时机短暂、不易把握；在视线上受车窗贴膜的影响，不易观察到车内具体情况等。三是危险性大。由于车辆行驶速度快、机动性强，同时犯罪嫌疑人可能利用车辆作为冲撞工具，特别是在没有对车辆进行有效控制之前，采取行动时会造成对侦查员、人质或周围群众的伤害。

（一）掌握相关情况

为了确保安全，做到有效抓捕犯罪嫌疑人，在抓捕行动前，侦查员要尽最大可能收集犯罪嫌疑人、使用车辆和相关道路情况。

1. 人员情况

(1) 车内人员。掌握车内犯罪嫌疑人及相关人员的人数、性别、职业,他们在车内所处的具体位置,车内是否有人质等情况。

(2) 危险因素。犯罪嫌疑人是否具有反抗和拒捕倾向,随车携带的凶器武器情况,以及是否携带有爆炸物等。

2. 嫌疑车辆情况

(1) 车辆来源。明确驾驶的车辆是犯罪嫌疑人本人的,临时租借的,还是盗抢所得的。

(2) 车辆特征。为了便于观察、识别、发现和跟踪犯罪嫌疑车辆,要掌握车辆特征。一般特征包括车辆品牌、种类、式样、颜色、牌照等;特定特征包括车辆外观的剐蹭痕迹、变形及车贴,以及车内座套、脚垫颜色、装饰物、年检标的位置等。

(3) 车辆性能。明确犯罪嫌疑人驾驶机动车性能,有利于侦查员选择行动车辆和采取相应的技战术行动。

3. 相关道路情况

(1) 路况特点。了解抓捕区域内道路的路况及宽窄,是否有上下道、隔离带,沿途交通指示灯、人行横道、桥梁及隧道的数量,周边胡同、建筑物、障碍物和人员活动等情况。

(2) 车辆流量。了解道路的交通流量情况,包括在流量高峰的时段和低峰时段的车辆通过情况等。

(3) 临时停车。了解道路两边是否能够停车及停车的数量、位置等情况。

(二) 选择抓捕地点

(1) 尽量避免在繁华地区实施抓捕。繁华地区主要是指公交车站、火车站、机场、港口、集市、广场、影剧院、大排档、大商场、医院、学校等人员密集的公共场所。在繁华场所抓捕驾驶机动车的犯罪嫌疑人,如果行动中稍有不慎极易造成伤亡事故。

(2) 尽量避免在敏感地区实施抓捕。敏感地区主要是指政府机关、外国大使馆、重大活动现场、新闻媒体所在地、首长驻地等场所。在这些地区实施抓捕行动,容易造成负面影响。

(3) 尽量避免在道路复杂区域实施抓捕。道路复杂区域主要是指道路路况不明、交叉路口多、冰雪、泥泞、湿滑、弯道、坡道路面、人车混行路段等区域。在道路复杂区域抓捕,不利于跟踪、堵截和抓捕行动的展开。

(4) 尽量避免在存放危险物品场所实施抓捕。存放危险物品场所主要是指存放有易燃、易爆、剧毒、放射性等物品的场所。在这些场所实施抓捕,行动一旦出现失误,会引发燃烧、爆炸、毒害、放射源泄漏等严重后果,直接造成重大人员伤亡和财产损失。

(三) 把握抓捕战机

(1) 尽量避免在车上对犯罪嫌疑人实施抓捕。因车上抓捕比车下抓捕不确定因素更多,也更危险,原则上应尽量避免对机动车上的犯罪嫌疑人实施抓捕。

(2) 尽量避免在车辆行驶时对犯罪嫌疑人实施抓捕。原则上不在车辆行驶中实施抓捕,这样可能造成犯罪嫌疑人驾驶车辆逃逸、拒捕或实施攻击冲撞行为,伤及侦查员和无辜人员。如当车辆处于行驶状态时,侦查员可对犯罪嫌疑车辆进行外线跟踪,寻找时机抓捕;当犯罪嫌疑人到达目的地或临时下车时实施抓捕;蹲守时在犯罪嫌疑人准备上车前及时抓捕等。

(3) 尽量避免在车辆未熄火时对犯罪嫌疑人实施抓捕。犯罪嫌疑车辆虽然处于停驶状态,但发动机仍在转动,此时仍具有很强的机动性。当特殊情况需要对车内犯罪嫌疑人迅速抓捕时，应选择在犯罪嫌疑车辆熄火后再实施抓捕。

（4）尽量避免在车辆未被封堵控制时对犯罪嫌疑人实施抓捕。在跟踪犯罪嫌疑车辆时，当遇上犯罪嫌疑车辆处于停驶状态且完全被其他车辆堵住时，可把握时机，在确保安全的情况下实施抓捕。

（5）尽量避免在不掌握车内情况时对犯罪嫌疑人实施抓捕。当侦查人员对犯罪嫌疑车辆内情况不明时（如不掌握犯罪人数、车内有无人质、是否携带有枪支或爆炸物），严禁实施抓捕。

（四）抓捕装备保障

1. 抓捕车辆

（1）跟控车辆。抓捕行动使用的跟踪控制车辆，应配备多种型号和颜色的地方牌照且性能相当的车辆，以防止被犯罪嫌疑人察觉和难以跟踪控制。跟控车辆与犯罪嫌疑人的车辆数量比应有绝对优势。

（2）围堵车辆。在蹲守抓捕时，为防止嫌疑车辆逃逸，应根据现场环境和周边道路情况，准备足够数量的车辆实施封堵。

（3）备用车辆。在抓捕过程中，除安排有跟控和围堵车辆外，必须准备备用的车辆，做到因抓捕情况突然发生变化能够及时跟进增援。

2. 破窗工具

目前的车辆大多数都是中控锁，即使车辆处于停止状态，车门也都是锁住的。因此，侦查员应事先准备适当的破窗工具，必要时采取特殊手段将车窗打碎，打开车门，将犯罪嫌疑人及时抓获。抓捕行动中，严格禁止用枪支作为破窗工具，避免出现将枪掉入车内、被犯罪嫌疑人抢夺、枪支走火、枪支损坏等情况。

3. 其他装备

根据抓捕行动需要，应准备好相应的装备，如阻车道钉、喷射器、抓捕网、防暴枪、电击器、防弹背心、防割手套等行动装备。

（五）有效实施抓捕

1. 利用地形地物实施拦截

在全面掌握现场及周围环境情况和确保安全的前提下，应充分利用现场地形地物，采取合理的方式和手段，对犯罪嫌疑车辆进行有效拦截。

2. 安全隐蔽接近嫌疑车辆

在犯罪嫌疑车辆没有熄火和被完全控制的情况下不要轻易接近，盲目接近可能会导致犯罪嫌疑人迅速启动车辆冲撞侦查员或驾车逃跑。因此，必须在车辆熄火并被完全控制的情况下，再选择合理的路线快速接近犯罪嫌疑车辆。在犯罪嫌疑人持有武器的情况下，不能轻易靠近犯罪嫌疑车辆。侦查员要利用车辆或地形地物作为掩体，将嫌疑车辆包围封堵，有效控制犯罪嫌疑人。

3. 有效控制犯罪嫌疑人

实施抓捕时，侦查员要从车辆两侧同时行进，不要站在车头或车尾部控制嫌疑车或者从车头或车尾部接近车辆，防止犯罪嫌疑人突然向前或倒车进行冲撞。待被完全控制后，再实施抓捕。

4. 慎重使用武器

在车内情况不明时，如车内是否有犯罪嫌疑人的同伙、是否有群众、是否有人质等情况下，抓捕行动中不能轻易开枪射击，盲目开枪可能会伤及无辜的群众，也可能导致人质的伤亡。当遇到犯罪嫌疑人挟持司机或乘客作为人质驾车逃跑时，此时的抓捕行动应更加慎重,要制定周密的抓捕方案,选择恰当的时机实施抓捕,严禁对车内进行射击,确保车中无关人员的安全;一般采取秘密跟踪犯罪嫌疑车辆的方式,通过在车辆行驶的前方设置障碍,迫使其自行停车,然后再择机突然行动;一旦犯罪嫌疑人与侦查员形成了对峙,应按照解救人质的工作预案实施前期处置,待防暴或特警等专业力量到达现场后再采取人质解救行动。

5. 杜绝盲目追车抓捕

追车抓捕会导致犯罪嫌疑车辆高速和无序行驶,不仅可能引发意外交通事故,危及侦查员的自身安全,同时也可能致使嫌疑车辆逆向行驶或驶入人行道,造成更多无辜人员的伤亡和财产损失。

二、对乘坐公共交通工具人员的抓捕行动

公共交通工具上的抓捕,主要是指对乘坐公共电汽车、轨道交通车、出租车等公共交通工具的犯罪嫌疑人实施的抓捕行动。对乘坐公共交通工具犯罪嫌疑人抓捕工作主要特点是:一是多数情况下人员复杂,公交车辆载客人员多且密集,人员身份也较为复杂,很难形成有效的抓捕控制隔离区域;二是空间狭小,侦查员难以施展抓捕动作;三是动态运行,车辆常处于运行状态,抓捕时难以准确、迅速地控制犯罪嫌疑人身体的有效部位。

(一)掌握相关情况

1. 人员情况

(1)犯罪嫌疑人。详细了解犯罪嫌疑人的犯罪活动情况;犯罪嫌疑人具有的反抗能力,是否持有凶器及凶器类型;有无同伙及其所在位置;对车辆及驾驶技能的熟练程度等情况。

(2)司售人员。了解车上的司售人员情况,明确司售人员可

否配合抓捕工作、他们在车上的位置、驾驶员驾驶技能和习惯，如是否习惯急刹车或开快车等情况。

（3）出租司机。了解出租司机是否熟悉"116"系统工程。当犯罪嫌疑人乘坐出租车行进时，侦查员可利用"116"系统工程，通过与驾车司机联系，告知犯罪嫌疑人乘坐车辆的车牌号、车内情况以及前往目的地等，或在必要时选择合适的路段，请司机协助将车停驶实施抓捕。

（4）无关人员。掌握车上乘客数量以及他们所处的位置，注意观察犯罪嫌疑人周围是否有老幼病残等特殊人群，以免在实施抓捕时使其受到惊吓或伤害。

2. 车辆情况

（1）车况及性能。了解犯罪嫌疑人乘坐车辆的状况及性能，车辆运行的速度，对公交车还要掌握上车门与下车门的具体位置及分布等情况。

（2）运行规律。掌握本车次运行的基本情况，在特定时间段站点间行车时间、到站停车时间等，提前做好相应的抓捕准备工作。

3. 道路情况

（1）行驶路线。一般公交车、轨道交通运输车辆等都有固定的行驶线路，抓捕前要掌握该路段的基本路况。

（2）停站位置。由于在车辆运行状态下不利于抓捕，而犯罪嫌疑人在车辆进站时注意力会有所分散，侦查员可利用短暂的车辆进站机会进行抓捕。为此，应提前掌握停车站点的基本情况，如停车时间、上下车人员流量、站下地理位置、站台出入口等情况。

（3）特殊地段。了解掌握本条线路途经的特殊的、不便于实

第八章 抓捕战术

施抓捕的路段及到达时间，如路线中的易堵车路段、繁华商业区路段、使领馆区路段、政府驻地或媒体单位路段、危险场所路段等。

（二）行动任务分工

1. 警力配置

（1）犯罪人员数量及反抗程度因素。在公共交通车辆上实施抓捕时，周围群众一般较多，如抓捕警力不足，无法对犯罪嫌疑人实施有效控制，一旦犯罪嫌疑人劫持群众形成对峙，将严重影响抓捕工作的顺利进行，所以要保证足够警力实施抓捕。但同时也应注意，公共交通车内部空间一般比较狭小，有时车厢内乘客较拥挤，如警力过多不便于抓捕，反而容易引起犯罪嫌疑人的警觉。

（2）车辆结构、车门数量因素。警力配备应根据车辆的结构和车门数量来配备。一般情况下，至少要在每个车门附近部署一名警力，以保证在犯罪嫌疑人强行下车时能够有效控制。根据车辆结构特点，尽可能在车辆的不同位置分散部署警力，在实施抓捕的同时引导周围群众和指导司机配合驾驶车辆，以免因突然停车致使侦查员失去对犯罪嫌疑人的控制，或因附近围观群众影响抓捕工作的顺利进行。

2. 任务分工

（1）抓捕组。抓捕组人员数量以犯罪嫌疑人的2~3倍为宜，在抓捕实施时以二对一或三对一的方式展开抓捕行动，分别控制犯罪嫌疑人及实施上铐搜身动作。

（2）警戒组。警戒组的主要任务是为抓捕组提供安全保障，人数以犯罪嫌疑人的1~2倍为宜，当抓捕组实施抓捕行动时，控制警戒组应向周围人员亮明身份，迅速分离抓捕对象和周围群众，指导司售人员协助抓捕工作并进行警戒。

（3）接应组。接应组为地面战斗队组，人数以2~3人为宜。在抓捕人员上车后，接应组应驾车尾随或沿公共交通工具行驶路线提前进站准备。在车上的侦查员完成抓捕后迅速进行接应，协助控制和带离犯罪嫌疑人。

（三）把握行动时机

要根据车辆运行情况、犯罪嫌疑人行为特点、车内群众流量、抓捕警力到位情况等因素，合理选择抓捕行动的有利时机。以下情况不宜实施抓捕行动。

（1）车内人员拥挤。一般在城区早晚高峰时，乘坐公共交通车的人较多，车厢内非常拥挤，此时不利于抓捕。当乘客多时，侦查员很难有效制服犯罪嫌疑人，也容易误伤周围群众和造成不良后果。

（2）途经敏感地区。特定的地理位置及政治敏感环境也为抓捕乘坐公共交通工具的犯罪嫌疑人带来一定程度的困难。当犯罪嫌疑人乘坐的公共交通车途经政府机构、使馆区、繁华商业区等地时，应当尽量避免实施抓捕行动，否则，抓捕行动一旦失控将会带来较大的社会影响和舆论压力。除犯罪嫌疑人在途经上述区域时企图实施犯罪行为或如不实施抓捕将会造成严重后果的情况下，要在保证有效控制的前提下，快速抓捕、快速带离，尽量缩短在上述区域停留的时间，把抓捕行动可能带来的影响降到最低程度。

（3）轨道交通站台。当犯罪嫌疑人乘坐火车、地铁、城铁等轨道交通工具时，应尽量避免在站台上对犯罪嫌疑人实施抓捕。轨道交通站台上一般人流较大，候车乘客较拥挤，站台出口多且复杂，并且部分地铁线路站台未安装屏蔽门，一旦控制失当，犯罪嫌疑人很容易逃跑或蹿下站台进入轨道区，将会危及公共交通安全,同时也加大了抓捕工作的难度。尤其是当车辆即将进站时,不能对犯罪嫌疑人实施抓捕。最好选择在犯罪嫌疑人买票、站台安检或刷卡进站时实施抓捕,此时犯罪嫌疑人行走路线相对固定,便于抓捕行动提前展开,选择和占据有利位置,并且在安检、验票等位置一般会有保安、安检员等工作人员,可让其协助侦查员疏导现场群众,有效降低抓捕工作难度,减小对现场群众的影响。

(4) 车辆运行状态。当对乘坐公交车、轨道交通车车厢内的犯罪嫌疑人实施抓捕时,应尽量选择在车辆进站、遇到红灯等处,车辆在停驶状态时实施抓捕。车辆行驶过程中不便于抓捕警力准确实施抓捕动作,难以有效控制到位。另外,车厢内发生意外情况时,司机一般会出现紧急刹车等反应,容易使抓捕警力对犯罪嫌疑人失去控制,导致犯罪嫌疑人反抗或乘机逃跑,甚至会出现劫持人质等意外情况。

(5) 犯罪嫌疑人下车瞬间。不要在公交车进站后车门打开,犯罪嫌疑人准备下车时实施抓捕。开门后,下车的乘客都会向车门方向拥挤流动,此时抓捕警力很难迅速展开,不便于形成队组配合,且即使警力展开到位,控制了犯罪嫌疑人,但因乘客向车门方向移动或拥挤,会导致犯罪嫌疑人出现失控状态。

(四) 现场监视控制

1. 监控要点

(1) 犯罪嫌疑人行为动作。在侦查员观察的同时,犯罪嫌疑人有可能也在观察或者选择行动的时机,且会随时做出相应的反应。在隐蔽观察时,侦查员要重点注意犯罪嫌疑人的行为动作,重点盯控其眼神、表情、肩部及双手。

(2) 犯罪嫌疑人位置变化。在观察控制中,要注意犯罪嫌疑人在车厢内位置的变化，如向下车门方向移动、向目标群体靠近等，这是犯罪嫌疑人有可能做出下一步动作的前兆，侦查员要注意并分析犯罪嫌疑人的细微举动，提前做好准备，把握住战机。

(3) 犯罪嫌疑人异常举动。观察犯罪嫌疑人异常举动，主要是指犯罪嫌疑人做出本不应出现的行为，如在车厢中逆向移动，有意靠近上车门或靠近司机方向，始终注视侦查员等情况。当犯罪嫌疑人有可能已经发现了侦查员，具备了戒备心理，甚至已经做出了相应的行为动作时，抓捕警力必须马上作出准确的判断并迅速展开行动。

(4) 犯罪嫌疑人的间接控制。一般出租车司机都接受过对紧急情况处理的培训，如果犯罪嫌疑人在出租车上，可遥控指挥出租车司机对其进行控制。侦查员在与司机通话时，应首先告知其自己的身份以及嘱咐不要紧张，同时要求司机以聊天的方式变相地告诉车内的情况或行驶的目的地，明确告诉司机配合的方法，如采取正常慢速行驶或在特定区域设法停车等方式，使车辆进入警方的控制区，切勿向司机夸大犯罪嫌疑人的暴力程度，以免造成其心理紧张而引起犯罪嫌疑人的警觉。

2. 监控站位

监控站位应遵循以下原则。

(1) 便于观察。由于公共交通工具上人流较多，容易遮挡视线。抓捕民警在站位时，要选择能够便于观察犯罪嫌疑人的位置，保证能够看到犯罪嫌疑人的双手；要选择便于全面观察车内情况的位置站位，能够随时了解车内的基本情况；要选择便于观察到其他抓捕警力的站位，了解队友的到位情况以及配合位置等。

(2) 利于控制。由于车上人员在车辆运行过程中的移动比较频繁，犯罪嫌疑人也会随上站和下站乘客的变化而移动位置。因此，侦查员站位要选择便于及时控制犯罪嫌疑人的位置，以防犯罪嫌疑人突然下车时对其失去控制。

（3）保证安全。由于在公交车上实施抓捕，周围一般会有较多的无关群众，因此侦查员在抓捕前的站位要适应设计的抓捕动作，适当避开周围人员，以免在实施抓捕时伤及群众。另外，根据车内空间狭小的特点，侦查员的站位要选择便于实施抓捕动作的安全位置。

（五）有效实施抓捕

侦查员在对乘坐公共交通工具的犯罪嫌疑人抓捕工作中，应采取秘密方式上车，发现目标后应以隐蔽的方式接进目标并发起突袭。对携有凶器、武器和爆炸物的犯罪嫌疑人的抓捕，最好采取秘密跟踪的方法，待其下车或将其调到安全的地方实施抓捕。

1. 密切配合行动

（1）有效沟通。抓捕警力组应在抓捕前制定有效的沟通方式，如特定手语或某个动作，确保侦查员之间能够形成有效的掩护及配合。

（2）下达指令。在准备实施抓捕行动前，应由抓捕行动指挥员在确定所有警力都已展开到位，并且能够有效接收指令的情况下下达抓捕指令，确保现场侦查员同时动作，有效控制犯罪嫌疑人。

（3）统一行动。在接收到指挥员下达的抓捕指令后，所有抓捕警力都应迅速地按照分工同时展开行动，切勿在指令未下达前贸然行动或指令下达后犹豫迟疑。

2. 合理分离人群

在实施抓捕行动后，应快速地将犯罪嫌疑人与车厢内的乘客进行分离，以防止犯罪嫌疑人失控后伤及群众甚至有可能劫持人质。此项工作应由警戒组在接到抓捕指令后迅速亮明身份,并要求司售人员和群众配合协助。另外,在犯罪嫌疑人被控制后,由地面接应警力协助将犯罪嫌疑人带离车厢,把犯罪嫌疑人与群众进行有效的隔离。

3. 有效实施控制

(1) 控制嫌疑人双手。在实施抓捕时,应当首先控制犯罪嫌疑人的双手,尤其不能让其双手接近自己的衣兜或腰带,防止犯罪嫌疑人掏取凶器实施抵抗,如当犯罪嫌疑人上车刷卡、投币瞬间或者手抓握扶手等情况时,其双手或至少是右手处于暴露状态且便于控制。

(2) 利用现场环境。在抓捕时,应合理利用车内的固定设施采取抓捕动作或对犯罪嫌疑人加以控制,降低抓捕失控的风险。如利用车内的台阶使用绊摔类方法,或利用扶手、栏杆、座椅靠背等控制犯罪嫌疑人的身体或手臂。

(3) 指定专人看管。在对犯罪嫌疑人控制上铐并且搜身后,应指定专门人员对其进行看管,防止犯罪嫌疑人跳车或利用车内物品反抗或自杀、自残。

4. 迅速搜身取证

在对犯罪嫌疑人实施抓捕并有效控制后,应在第一时间对其进行搜身检查,包括犯罪嫌疑人随身携带的物品、上车后滞留过的座位遗留和藏匿的物品等。因公共交通车辆上人员多,在有条件的情况下,应对现场及赃物进行拍照留存,并记录车号、司售人员及相关人员的联系方式等。

5. 实施现场检查

公共交通车辆内情况一般比较复杂,并且无法将车辆带回细致检查,检查工作只能在现场快速进行,因此要仔细认真地对车辆及周边进行检查，防止在抓捕时犯罪嫌疑人将涉案赃物及其他物品藏于现场或抛掷到车外。

6. 安全带离下车

（1）选择合理下车位置。当对犯罪嫌疑人控制搜身完毕后，应选择人流较少、停车方便、接应组适合控制的区域和站点下车。

（2）严密控制带离下车。下车前应确认犯罪嫌疑人的手铐上好并锁止，搜缴的随身物品、赃物、凶器等相关证物齐备，待接应组到位布控完成后再迅速将犯罪嫌疑人带离下车。

7. 做好解释工作

在公共交通车辆上进行抓捕时，一般现场都会有司售人员和乘客及围观群众，所以在抓捕结束后，要向司售人员及现场群众做相应的解释工作，以减小对社会的影响。

第六节 特殊场所及人员抓捕行动

一、敏感地区抓捕行动

敏感地区抓捕主要是指在政治中心区、党政机关、涉外地点、宗教场所、少数民族聚居区等政治敏感区域，对犯罪嫌疑人实施的抓捕行动。敏感地区犯罪抓捕工作主要特点是：一是行动规模不宜过大，尽可能不使用过多的警力和采取大规模的抓捕行动；二是避免因抓捕行动而造成现场混乱、群众恐慌、交通堵塞等不良影响；三是如果抓捕行动失误或过当，容易引发媒体的炒作。

(一) 掌握相关情况

1. 犯罪嫌疑人情况

(1) 基本情况。包括犯罪嫌疑人数、有无政治背景、犯罪前科及暴力倾向等情况。

(2) 犯罪动机。包括犯罪嫌疑人涉案性质、犯罪动机、犯罪方式和手段等。

(3) 携带物品。包括犯罪嫌疑人是否携带有枪支、爆炸物、易燃物、宣传物品等情况。

2. 抓捕现场情况

(1) 现场格局。主要是指现场建筑物、公共设施、广场和街区等整体布局,以及相关建筑物和设施的内部结构等情况。

(2) 周围环境。主要是指现场周边建筑物、服务设施和人员活动区域等外部环境情况。

(3) 人员活动。主要是指现场各种人员的活动情况。

(4) 交通状况。主要是指现场附近的道路、车站、停车场、过街桥、地下通道,以及车辆停放和交通流量等情况。

3. 现场活动情况

(1) 有无重大活动。了解当时是否正在或即将组织有群众集会、外事活动、宗教仪式等重大活动。

(2) 有无首长出行。了解当时是否正在或即将有首长出行通过此区域及场所。

(3) 有无媒体记者。了解有无中外新闻媒体记者在现场及附近活动。

(4) 其他相关活动。

（二）行动任务分工

1. 抓捕警力

（1）部署原则。警力要加强部署，在数量上要配强；选派政治坚定、业务能力强和具有丰富实战经验的侦查员；在需要的情况下安排着装民警配合抓捕行动。

（2）任务要求。隐蔽接敌、秘密贴近、有效控制、迅速带离。

2. 掩护警力

（1）部署原则。要明确掩护工作任务，掩护抓捕警力秘密贴近抓捕对象；掩护抓捕警力对抓捕对象实施抓捕行动；掩护抓捕警力迅速将抓捕对象带离现场。

（2）任务要求。注意力集中、避免身份暴露、把握跟进节奏、现场处置灵活、确保行动安全。

3. 取证警力

（1）部署原则。要明确敏感地区抓捕取证工作的重要性，要多点部署；要具有专业技能；要尽量减少影响。

（2）任务要求。同步实施、全面准确、认真细致、有效保全、取证迅速。

4. 接应警力

（1）部署原则。有效接应是完成抓捕任务的保证，配合抓捕警力将抓捕对象带离现场；随时应对现场突发情况；配合行动相关后期处置。

（2）任务要求。掌握情况、及时到位、强力支持、密切配合。

(三) 有效实施抓捕

1. 严密布控

(1) 细致观察。通过抓捕行动前的细致观察，全面掌握现场及其周围环境的变化情况；认真仔细地观察犯罪嫌疑人的言行举止及心态；准确选择合理的抓捕区域及位置。

(2) 多点控制。多点控制的工作要求，对犯罪嫌疑人及其团伙的多点控制；对现场区域及地点的多点控制；对现场事态变化的多点控制。

(3) 密切协作。在敏感地区抓捕行动的协作与配合尤为重要，要求做到与掩护警力的密切协作；与接应警力的密切协作；抓捕警力之间的密切协作。

2. 隐蔽贴靠

(1) 贴靠时机。要选择在犯罪嫌疑人无戒备的情况下进行贴靠和对抓捕行动引发最低影响的机会进行贴靠。

(2) 贴靠方式。选择贴靠的方式，是以不被犯罪嫌疑人发现、符合现场特定的环境特点和便于抓捕行动的展开为原则。

(3) 贴靠手段。贴靠手段多种多样，如借现场活动服务、以围观群众的身份等方法和手段进行贴靠。

3. 有效控制

(1) 行动隐蔽。抓捕行动要具有较强的隐蔽性，常采取在相互掩护、化装行动、动作较小的方式实施抓捕。

(2) 动作迅速。抓捕时动作一定要快，力争用最短的时间完成抓捕行动。

(3) 控制到位。采取最有效方法控制住犯罪嫌疑人的双手，使其失去反抗能力。

4. 减少影响

（1）避免过多纠缠。抓捕行动时，避免与犯罪嫌疑人的关系人、周围群众、媒体记者、现场管理人员等发生正面冲突和过多纠缠。

（2）避免群众围观。抓捕行动时，避免因警力过多、声势过大、动作过激等行为，造成现场群众的聚集和围观。

（3）避免人员伤亡。抓捕行动时，避免因武器、警械具使用不当、抓捕动作过大造成犯罪嫌疑人或现场无关人员的伤亡。

5. 减少影响

（1）尽量不使用武器和警械具。在敏感地区实施抓捕行动，尽量不要使用武器和警械具。

（2）尽量不造成现场秩序混乱。在抓捕中，避免因人员聚集、群众围观、交通阻断、活动停止、矛盾冲突等，造成现场秩序的混乱和无序。

（3）尽量不影响相关活动的正常进行。在抓捕中，避免因相互纠缠、群众围观、交通阻断、矛盾冲突、秩序混乱和现场失控，影响相关活动的正常进行。

（4）尽量避免新闻媒体的炒作。在抓捕中，要尽量回避媒体记者。在应对媒体时，要理性、平和、文明、规范，不要与媒体记者发生正面冲突。

（5）尽量尊重宗教礼仪习惯。抓捕前要了解相关的民族宗教政策和习惯，抓捕时严格遵守党的民族宗教政策，尊重当地的民族宗教习惯。

二、高危地区抓捕行动

高危地区抓捕主要是指在加油站、燃气站、化学仓库，以及爆炸物生产和储存地等区域对犯罪嫌疑人实施的抓捕行动。高危地区犯罪抓捕工作主要特点是：一是要在实地踏勘的基础上，细致制定安全、稳妥的抓捕工作方案；二是要根据现场及环境特点，精心、细致、准确选择抓捕行动的地点；三是要极为慎重使用会造成危害的警用武器和器械。

（一）掌握相关情况

1. 犯罪嫌疑人情况

犯罪嫌疑人情况，主要是指犯罪嫌疑人自然情况及违法犯罪活动规律特点等。其中，重点要掌握犯罪嫌疑人有无犯罪前科，是否具有明显的暴力犯罪的倾向，反抗和拒捕的能力及程度，有无携带枪支、爆炸物、易燃物等突出情况。

2. 抓捕现场情况

（1）现场布局。场所建筑物和公共设施的整体布局及其相关部位建筑物的内部结构等情况。

（2）周围环境。主要包括场所周边建筑物、公共设施、绿化带和人员活动等情况。

（3）交通状况。主要是指现场附近的车站、停车场和车辆交通流量等情况。

3. 现场危险物情况

（1）所处位置。掌握和明确现场危险物所处的具体部位，以及其与周围建筑物和人员活动区域的相互位置关系。

（2）使用管理。了解和掌握现场危险物的使用和管理情况。主要包括危险物品的使用管理部门、负责管理人员、相关法规制度、使用管理情况等，如危险物品的现有规模数量、存放保管方式、采取安全措施等。

（3）危险程度。了解和掌握现场危险物品的性质，一旦引爆、引燃、泄漏、失控等会造成何危害程度及伤害范围。行动前，要进行认真全面的风险评估，如在正常情况下实施抓捕的安全系数有多大，现场可能会发生的突发情况及采取的应对措施等。

（二）行动任务分工

（1）危险物控制。除按一般场所抓捕工作要求部署警力外，要安排相应的人员对现场存放的危险物品及相关区域实施有效保护和控制。

（2）现场警戒。根据抓捕工作要求和危险物保护的安全范围，派员在外围对现场进行警戒，阻止无关人员进入抓捕现场及控制区。必要时，请求当地公安机关制服民警协助做好现场警戒和群众疏导工作。

（3）机动处突。在部署警力时，要留有足够的处突力量准备应对各种突发情况。机动处突警力要明确危险物的性质、存放位置、处置要领等，并准备相应的技术装备。

（三）有效实施抓捕

1. 全面观察

侦查员要对现场及周边环境进行认真细致的观察，密切注意现场的变化情况，选择最佳的抓捕地点和方式；准确确定犯罪嫌疑人及其同伙的情况，掌控其行为和心理变化，把握最佳的抓捕战机。

2. 有效控制

（1）抓捕前，要对犯罪嫌疑人和危险物进行有效控制。

（2）抓捕时，要多人配合行动，不给犯罪嫌疑人任何反抗的机会，要控制住犯罪嫌疑人的双手，快速搜身，及时收缴其携带的凶器、枪支、危险品等。

（3）抓捕后，要对犯罪嫌疑人的行为进行严密控制，并迅速将其押解带至安全区域。

3. 确保安全

（1）必要时，争取现场主管部门管理人员的支持和配合，使抓捕工作顺利进行。

（2）对有爆炸物的现场，抓捕时尽量不要携带通讯设备和使用手机，以防电磁引爆。

（3）尽量净化现场无关人员和避免现场群众围观。

（4）抓捕行动人员应装备相应的自我防范设备及器材。

（5）抓捕结束后，配合专门技术人员清理现场，收集现场犯罪痕迹物证，恢复现场秩序。

三、对特殊法律身份人员抓捕行动

对特殊法律身份人员的抓捕主要是指对具有人大代表、政协委员、外籍人员、军内人员等具有特殊法律身份的犯罪嫌疑人实施的抓捕行动。对特殊法律身份人员抓捕工作主要特点是：一是对特殊法律身份人员的抓捕，须明确相关法律法规的要求，严格履行法律程序；二是在抓捕行动中，要采取各种措施最大限度地减小影响；三是对特殊法律身份人员的抓捕，尽可能不使用武器警械。

（一）掌握相关情况

1. 人员身份情况

（1）人大代表。指具有乡、民族乡、镇级以上人大代表身份的人员。

（2）政协委员。指具有区县级以上政协委员身份的人员。

（3）军内人员。指人民解放军、武警现役军官、文职干部、士兵和具有军籍学员,以及在编职工、由军队管理的离休和退休人员。

(4) 外籍人员。指具有外国籍的外国人、内地居民、港澳居民及无国籍身份的人员。

2. 人员活动情况

(1) 犯罪性质及活动情况。

(2) 近期活动规律及特点。

3. 现场及环境情况

(1) 现场布局。主要指场所建筑物和设施的整体布局及其相关部位内部结构情况等。

(2) 周围环境。主要包括场所周边建筑物、设施和活动场所情况等。

(3) 人员活动。主要是指现场各种人员聚集、围观、流动等活动情况。

(4) 交通状况。主要是指现场附近的车站、停车场和车辆交通流量等情况。

(二) 明确法律要求

1. 人大代表

(1) 县级以上人大代表,在会议期间,非经本级代表大会主席团许可,不受逮捕;在闭会期间,非经本级代表大会常务委员会许可,不受逮捕;如果是对现行犯实施拘留,执行拘留的公安机关应当立即向该级代表大会主席团或常务委员会报告。

(2) 乡、民族乡、镇的人大代表,如需逮捕或采取法律规定的其他限制人身自由的措施,执行机关应当立即报告乡、民族乡、镇的人民代表大会或主席团。

2. 政协委员

对各级政协委员采取法律规定限制人身自由措施的，应当报告同级党委统战部门。情况紧急的，可同时或事后及时通报，以利于政协党组及时掌握情况，采取相应的配合措施，保证案件的顺利查处。

3. 军内人员

对军内人员犯罪的，根据案情需要，可由地方公安机关负责侦查，其违法犯罪的可以实施抓捕，但应在侦查工作完成后移交给部队处理。

4. 外籍人员

（1）对具有豁免权外籍人员和外国记者身份人员，侦查部门没有执法权，不能对其实施抓捕。

（2）对普通外籍人员违法犯罪的，一般情况下，实施抓捕前应报市局出入境管理部门。

（三）选择行动时机

（1）利用工作关系实施抓捕。

（2）借外出活动时实施抓捕。

（3）采取跟踪守候实施抓捕。

（4）选择人少偏僻地点实施抓捕。

（5）切忌在敏感区域实施抓捕。

（四）有效实施抓捕

（1）切忌提前暴露抓捕意图。

（2）切忌对抓捕对象造成伤害。

（3）切忌造成抓捕对象自残、自杀。

（五）抓捕注意问题

（1）文明规范。在抓捕对象没有反抗的情况下，要文明、适度执法。

（2）密切配合。当需对现役军人驻地或人身进行搜查时，应由部队保卫部门派员配合依法实施。

（3）确认身份。对外籍人员抓捕，应及时准确确认违法犯罪行为人的外籍人员身份。在抓捕控制后，迅速检查违法犯罪人的证件。根据我国外交部签发的有效证件，记录违法犯罪人的姓名、国籍和证件号码等。

参考文献

[1] 公安部政治部. 实战基础训练教程（试行）[M]. 北京：中国人民公安大学出版社，2003.

[2] 公安部政治部. 实战基础训练教程 [M]. 北京：群众出版社，2006.

[3] 韩延龙，苏亦工，等. 中国近代警察史（上、下册）[M]. 北京：社会科学文献出版社，2000.

[4] 李宁. 略论促成清政府建立近代警察制度的主要原因 [J]. 河北法学，2004，22（1）：94-97.

[5] 中国社会科学院法学研究所法制史研究室. 中国警察制度简论 [C]. 北京：群众出版社，1985.

[6] 韩延龙，苏亦工. 中国近代警察制度 [M]. 北京：中国人民公安大学出版社，1993：472.

[7] 中华人民共和国公安部令（第62号）. 公安机关人民警察训练条例 [R]. 2001.7.6.

[8] 滕健. 首都人民警察训练课程纲要 [M]. 北京：群众出版社，2004.

[9] 公安部政治处. 公安工作突出问题与对策研究 [M]. 北京：中国人民公安大学出版社，2007.

[10] 蔡宏光. 试论警察技战术课程的定位 [J]. 武汉公安干部学院学报，2008（3）：83-85.

［11］李虎元. 人民警察基本素质训练教程之警察实战技能训练［M］. 北京：高等教育出版社，2008.

［12］陈博. 公安本科院校警体学科体系建设之思考［J］. 军事体育进修学院学报，2006，25（1）：76-78.

［13］陈侠. 课程论［M］. 北京：人民教育出版社，1998：168.

［14］陈玉琨. 现代教育管理技术［M］. 上海：上海科学技术文献出版社，1994：106.

［15］［日］筑波大学教育学研究汇编. 现代教育学基础［M］. 钟启泉，译. 上海：上海教育出版社，1986.

［16］钟启泉. 现代课程论［M］. 上海：上海教育出版社，1989：176.

［17］潘懋元. 新编高等教育学［M］. 北京：北京师范大学出版社，1996：349.

［18］郑启明，薛天祥. 高等教育学［M］. 上海：华东师范大学出版社，1988：153.

［19］金慧娟. 普通高校体育课程结构板块设计的理论研究［J］. 北京体育大学学报，2009，32（2）：96-98.

［20］陈旭远. 课程与教学论［M］. 哈尔滨：东北师范大学出版社，2002，7：80.